Die Autor*innen

Dr. Wilfried Lux ist Professor für Rechnungswesen und Controlling sowie Leiter des Kompetenzzentrums für Accounting & Corporate Finance an der OST – Ostschweizer Fachhochschule in St. Gallen.

Dr. Heidi Zeller ist Professorin für Dementia Care an der OST – Ostschweizer Fachhochschule in St. Gallen.

Sebastian Müller, M. Sc., ist wissenschaftlicher Mitarbeiter an der OST – Ostschweizer Fachhochschule in St. Gallen.

Weitere Autoren:

Dr. iur. Sebastian Reichle ist Professor für Wirtschaftsrecht und Studiengangleiter des Bachelor-Studiengangs Management und Recht (MARE) an der OST – Ostschweizer Fachhochschule sowie Gründungspartner und Notar in der Kanzlei Reichle Stehle AG.

Dr. Alexander Klein ist Geschäftsführer der Funk Health Care Consulting GmbH, dem Beratungsunternehmen für klinisches Risikomanagement, sowie der Funk Hospital-Versicherungsmakler GmbH, dem Spezial-Versicherungsmakler für das Heilwesen von Funk.

Jürgen Bachmann, M. Sc. in Qualitäts- und Prozessmanagement im Gesundheitswesen, ist Dozent an der Fachhochschule Vorarlberg (FHV)

In Kooperation mit der

Lux/Zeller/Müller

Integriertes Risikomanagement für Alters- und Pflegeheime

Ein Leitfaden zur Einführung

Verlag W. Kohlhammer

Dieses Werk einschließlich aller seiner Teile ist urheberrechtlich geschützt. Jede Verwendung außerhalb der engen Grenzen des Urheberrechts ist ohne Zustimmung des Verlags unzulässig und strafbar. Das gilt insbesondere für Vervielfältigungen, Übersetzungen, Mikroverfilmungen und für die Einspeicherung und Verarbeitung in elektronischen Systemen.

Die Wiedergabe von Warenbezeichnungen, Handelsnamen und sonstigen Kennzeichen in diesem Buch berechtigt nicht zu der Annahme, dass diese von jedermann frei benutzt werden dürfen. Vielmehr kann es sich auch dann um eingetragene Warenzeichen oder sonstige geschützte Kennzeichen handeln, wenn sie nicht eigens als solche gekennzeichnet sind.

Es konnten nicht alle Rechtsinhaber von Abbildungen ermittelt werden. Sollte dem Verlag gegenüber der Nachweis der Rechtsinhaberschaft geführt werden, wird das branchenübliche Honorar nachträglich gezahlt.

Dieses Werk enthält Hinweise/Links zu externen Websites Dritter, auf deren Inhalt der Verlag keinen Einfluss hat und die der Haftung der jeweiligen Seitenanbieter oder -betreiber unterliegen. Zum Zeitpunkt der Verlinkung wurden die externen Websites auf mögliche Rechtsverstöße überprüft und dabei keine Rechtsverletzung festgestellt. Ohne konkrete Hinweise auf eine solche Rechtsverletzung ist eine permanente inhaltliche Kontrolle der verlinkten Seiten nicht zumutbar. Sollten jedoch Rechtsverletzungen bekannt werden, werden die betroffenen externen Links soweit möglich unverzüglich entfernt.

1. Auflage 2025

Alle Rechte vorbehalten
© W. Kohlhammer GmbH, Stuttgart
Gesamtherstellung: W. Kohlhammer GmbH, Heßbrühlstr. 69, 70565 Stuttgart
produktsicherheit@kohlhammer.de

Print:
ISBN 978-3-17-045909-0

E-Book-Formate:
pdf: ISBN 978-3-17-045910-6
epub: ISBN 978-3-17-045911-3

Inhalt

Management Summary		**7**
1	**Einleitung**	**11**
2	**Grundlagen**	**13**
2.1	Risikomanagement	13
2.1.1	Allgemeine Grundlagen des Risikomanagements	13
2.1.2	Risiko- und Fehlerkultur	16
2.1.3	Risikomanagement in Alters- und Pflegeheimen	19
2.2	Schnittstellen mit anderen Systemen und Funktionen	23
2.2.1	Strategisches Management	23
2.2.2	Qualitätsmanagement	26
2.2.3	Compliance Management	30
2.2.4	Informationssicherheit	30
2.2.5	Versicherungs- und Schadenmanagement	31
2.2.6	Krisenstab	31
2.2.7	Leadership	33
3	**Gesetzliche Grundlagen und Normen**	**36**
3.1	Gesetzliche Grundlagen in der Schweiz *Sebastian Reichle*	36
3.2	Gesetzliche Grundlagen in Deutschland *Alexander Klein*	53
3.3	Gesetzliche Grundlagen in Österreich *Jürgen Bachmann*	58

3.4	Normen im Risikomanagement	61
4	**Integriertes Risikomanagement: Aufbau, Prozess, Templates**	**67**
4.1	Organisatorische Verankerung	67
4.2	Prozess des Risikomanagements	69
4.2.1	Risikoidentifikation	70
4.2.2	Risikoanalyse und -bewertung	82
4.2.3	Risikobewältigung	90
4.2.4	Risikoüberwachung und -kommunikation	95
5	**Forschungsmethodik**	**99**
5.1	Sekundärrecherche	100
5.2	Experteninterviews	100
5.3	Symposium	102
5.4	Fokusgruppen	102
6	**Fazit und Ausblick**	**104**
	Verzeichnisse	**105**
	Abbildungsverzeichnis	105
	Tabellenverzeichnis	105
	Abkürzungsverzeichnis	106
	Literaturverzeichnis	107
	Glossar	112

Management Summary

Risiken sind laut der ISO-Norm 31000 definiert als »Auswirkungen von Unsicherheiten auf Ziele«. Diese Auswirkungen können sowohl positiv als auch negativ sein. Im Rahmen dieses Leitfadens stehen vor allem die negativen Auswirkungen im Zentrum der Betrachtungen. Die positiven Auswirkungen sind eher im strategischen Management verortet.

Risikomanagement umfasst im vorliegenden Zusammenhang einen Prozess, der darauf abzielt, Konsequenzen in einem vertretbaren Ausmaß zu halten. Die Kernelemente eines funktionierenden Risikomanagements sind:

- Risikoidentifikation
- Risikoanalyse und -bewertung
- Risikobewältigung
- Risikoüberwachung und -kommunikation.

Bei der Risikoidentifikation geht es darum, mögliche Gefahren, Ereignisse, Entwicklungen, Trends und Szenarien zu erkennen, welche die Ziele der Organisation negativ beeinflussen könnten. Dabei hat sich insbesondere die Verwendung von Risikokatalogen bewährt. In Risikokatalogen werden zunächst sogenannte »Risikofelder« betrachtet und anschließend Einzelrisiken innerhalb der »Risikofelder« identifiziert. Mögliche Risikofelder für Alters- und Pflegeheime sind:

- Strategische Risiken
- Externe Faktoren (volkswirtschaftlich, ökologisch, rechtlich-regulatorisch, gesellschaftlich, politisch)
- Finanzielle Risiken
- Informationstechnologische Risiken (IT, Daten, Digitalisierung)
- Personelle Risiken

- Bewohnende und Angehörige
- Prozessrisiken (Pflege und Betreuung, Verpflegung und Hauswirtschaft, Sicherheit und Hygiene)
- Infrastruktur- und Gebäuderisiken
- Reputations- und Kommunikationsrisiken.

Weitere Instrumente im Rahmen der Risikoidentifikation sind Brainstorming, Dokumentenanalyse, World Café, Wertkettenanalyse, Prozesskettenanalyse, Fehlerbaumanalyse und Beschwerdesystem (Meldung unerwünschter Ereignisse).

Bei der Risikoanalyse und -bewertung werden die Risiken hinsichtlich ihrer Auswirkungen auf Strategien, Ziele, relevante Kennzahlen und Steuerungsgrößen beurteilt bzw. analysiert. Zudem werden Risiken auf bestehende Wechselwirkungen untersucht. Die Quantifizierung von Risiken erfolgt in der Regel anhand der Dimensionen »Schadensausmaß« und »Eintrittswahrscheinlichkeit« auf einer Skala von 1 bis 5. Risiken, die bei einer Multiplikation der beiden Werte die höchsten Resultate erzielen, sind am wichtigsten. Sie werden als sogenannte »Risikolandschaft« (Risk Map) graphisch dargestellt. Weitere Instrumente der Risikoanalyse und -bewertung sind Szenariotechnik, Delphi-Methode, Fehlermeldesysteme (CIRS), Fehlerbaumanalyse, Fehlermöglichkeits- und Einflussanalyse (FMEA).

Zur Risikobewältigung gibt es die folgenden grundsätzlichen Strategien: Risikovermeidung, Risikoverminderung, Risikobegrenzung, Risikoüberwälzung bzw. Risikotransfer sowie Risikoakzeptanz.

Zur Risikoüberwachung und Risikokommunikation bietet sich ein Berichtswesen an. Dieses beinhaltet vor allem Kennzahlen (»Key Risk Indicators«) und Reports. Auch der Risikobericht an diverse Adressaten (Verwaltungsrat, Mitarbeitende, Öffentlichkeit) gehört dazu.

Die organisatorische Verankerung des Risikomanagements hängt vor allem von der Größe des Alters- und Pflegeheims ab.

Bei kleineren Organisationen[1] erfolgt es häufig direkt durch die Geschäftsführung. Bei größeren Heimen ist es sinnvoll, eine eigene Stelle für das Risikomanagement zu schaffen. Da das Risikomanagement viele Überschneidungen mit dem Qualitätsmanagement hat, wird es häufig auch im Qualitätsmanagement verortet.

Obwohl der Gesetzgeber explizit kein Risikomanagement vorschreibt, verpflichtet er die obersten Leitungsgremien von Organisationen (Vorstand, Verwaltungsrat, Geschäftsführung) zur Sorgfalt und Kontrolle. Somit sind die Leitungsgremien implizit zur Schaffung eines Risikomanagements verpflichtet. Dies gilt mehr oder weniger für alle Rechtsformen.

Wichtig im Rahmen des Risikomanagements ist auch das aktive Leben einer Risiko- und Fehlerkultur in der Organisation. Dadurch wird sichergestellt, dass alle Mitarbeitenden sich der vorhandenen Risiken bewusst sind, mit Risiken umgehen können und sie idealerweise als Chancen nutzen.

Das Risikomanagement in Alters- und Pflegeheimen hat viele Gemeinsamkeiten mit anderen Organisationen. Es weist aber auch eine Reihe von Besonderheiten auf. Insbesondere sind in diesem Zusammenhang zu nennen:

- Hauswirtschaft und Küche (z. B. Hygienevorschriften); gilt zum Beispiel auch für die Gastronomie
- Arzneimittelereignisse (z. B. falsche Medikamente); gilt zum Beispiel auch für Spitäler
- Personal (v. a. physische, physikalische, chemische und psychische Belastungen der Mitarbeitenden sowie der Fachkräftemangel); gilt zum Beispiel auch für Spitäler

---

1 In der Schweiz gelten Alters- und Pflegeheime als »klein«, wenn sie zwischen 20 und 49 Betten haben. Als »mittelgroß« gelten Heime mit 50 bis 99 Betten. Alle Heime, die über mehr Betten verfügen, gelten als »groß«.

1 Einleitung

> Die zunehmende Komplexität und Dynamik in Organisationen und ihrem Umfeld erhöhen das Risiko. Das Risikomanagement hat daher an Bedeutung gewonnen, besonders im Gesundheitswesen. Demografische Entwicklungen wie steigende Lebenserwartung und Multimorbidität, technologischer Fortschritt und hohe Erwartungen der Leistungsnehmenden setzen Druck auf. Pflegeeinrichtungen in der DACH-Region unterliegen Pflegestufen oder -graden mit festen Tagespauschalen. Betriebswirtschaftliche Führung ist entscheidend und erfordert ein Risiko- und Chancenkalkül, das strategische Ziele und unternehmerische Entscheidungen berücksichtigt. Risikomanagement fokussiert auf 10-30 Schlüsselrisiken, während der Rest periodisch überprüft wird. Die Gesundheitsbranche hat jedoch wenig Literatur dazu, und das Thema erfordert eine integrierte Betrachtung von pflegerischen, medizinischen und betriebswirtschaftlichen Aspekten, einschließlich Sicherheit und Verwaltungsrisiken.

Die zunehmende Komplexität und Dynamik im Umfeld und innerhalb von Alters- und Pflegeheimen führen zu mehr und größeren Risiken. Daher hat sich die Bedeutung des Risikomanagements in jüngerer Zeit immer mehr erhöht. Demografische Entwicklungen, beispielsweise die gestiegene Lebenserwartung und die damit verbundene Multimorbidität erhöhen den Druck auf Organisationen im Gesundheitswesen. Auch die Entwicklung der Angebotskomplexität, der medizinische Fortschritt, und der sich verschärfende Mangel an qualifiziertem Personal (Fachkräftemangel) zeigen Auswirkungen. Die Bevölkerung erwartet zunehmend mehr und bessere sowie kostengünstigere Leistungen. Neue Technologien bieten zwar Einsparpotenziale, jedoch führen die veränderten Kostenstrukturen zu steigender Nachfrage und verschärftem Wettbewerb. Die Erträge von Pflegeheimen sind in der DACH-Region (Deutschland, Österreich, Schweiz) durch sogenannte »Pflegestufen« bzw. »Pflegegrade« geregelt. Die Bewohnenden werden einer »Pflegestufe« (Schweiz: 1–12; Österreich: 1–7) bzw. einem »Pflegegrad« (Deutschland: 1–5) zugeordnet. »Pflegestufen« und »Pflegegrade« entsprechen einer bestimmten Tagespauschale. Daher ist eine betriebswirtschaftliche Führung unerlässlich geworden. Diese beinhaltet ein Chancen- und Risikokalkül, das stets in Relation zu den strategischen Zielen und den unternehmerischen Entscheidungen steht.

Das Risikomanagement muss sich nicht im Detail um zahlreiche Risiken kümmern, sondern konzentriert sich auf die zehn bis zwanzig wichtigsten Risiken – die sogenannten »Schlüsselrisiken«. Die restlichen Risiken werden in einer Liste geführt, die regelmäßig (z. B. einmal pro Jahr) auf ihre Aktualität hin geprüft wird. Viele Risiken weisen sowohl ein Aufwärts- als auch Abwärtspotenzial auf. Das Erkennen veränderter Marktbedürfnisse oder der Markteintritt sind sowohl mit Chancen als auch mit Risiken verbunden. Ein integriertes Risikomanagement für Alters- und Pflegeheime beinhaltet die folgenden Komponenten:

- Pflege,
- Medizin,
- Wirtschaft und
- Prozesse und Infrastruktur.

Die Templates und weitere Informationen finden Sie in der Web-App unter https://ost-risikomanagement.ch/.

2 Grundlagen

2.1 Risikomanagement

2.1.1 Allgemeine Grundlagen des Risikomanagements

Risiko in den Wirtschaftswissenschaften bedeutet die Möglichkeit negativer Abweichungen von Zielen, verursacht durch Unsicherheiten. Positive Abweichungen hingegen werden als Chancen betrachtet. Risikoeinschätzungen basieren auf Wahrscheinlichkeitsberechnungen und können alle Unternehmensziele beeinflussen. Die ISO-Norm 31000 definiert Risiko als »Auswirkungen von Unsicherheiten auf Ziele«.

Risiken lassen sich nach Typ, Dauer, Beginn, Reaktionszeit und Auswirkungen unterscheiden. Wichtige Risikokategorien umfassen Markt-, Management-, operative, finanzielle, IT- und ökologische Risiken. Unternehmen müssen sowohl ihr internes als auch das externe Umfeld berücksichtigen, wobei interne Bereiche durch Konzepte wie eine Balanced Scorecard abgedeckt werden kann.

Risikomanagement ist ein kontinuierlicher Prozess, der von Führungskräften bei der Strategiedefinition und -umsetzung angewendet wird. Es zielt darauf ab, Unsicherheiten zu erkennen und gezielt zu steuern. Die Hauptaufgaben dabei sind die Förderung einer Risikokultur, kontinuierliche Berichterstattung und die Weiterentwicklung des Prozesses.

Risikostrategien, die die Unternehmenshaltung gegenüber Risiken festlegen, sind ein wichtiger Teil der Unternehmensstrategie und umfassen Akzeptanz, Vermeidung oder Übertragung von Risiken.

2 Grundlagen

In den Wirtschaftswissenschaften wird Risiko definiert als »Gefahr einer negativen Zielabweichung« und als »Kombination von Wahrscheinlichkeiten und Auswirkungen« (Brühwiler, 2016, S. 23). Die »ISO-Norm 31000« versteht unter Risiko die »Auswirkungen von Unsicherheiten auf Ziele«. Dabei werden Risiken nicht nur negativ bewertet. Die Auswirkungen können auch positiv sein und somit als Chance betrachtet werden.

Die Risikoeinschätzung basiert auf Wahrscheinlichkeitsberechnungen. Risiken können plötzlich oder erwartet eintreten und alle Ziele einer Unternehmung beeinflussen.

Risiken lassen sich nach Risikoarten einteilen. Dabei können die Risiken den Unternehmensbereichen zugeordnet werden, beispielsweise Produktions- oder Einkaufsrisiken. Zudem lassen sich kurz-, mittel- oder langfristige Risiken unterscheiden. Zu berücksichtigen sind dabei der Eintritt des Risikos, die mögliche Dauer sowie die Reaktionszeit. Eine weitere Klassifikation bezieht sich auf mögliche Auswirkungen, die sich unterscheiden können. Die Häufigkeit und eine mögliche Wiederholung von Risiken können zu einer weiteren Einteilung führen (Rosenkranz & Missler-Behr, 2005).

Die meisten Unternehmen müssen in ihrem dynamischen Umfeld verschiedene Risikoarten berücksichtigen. Die folgenden Risiken gehören gemäß Waibel und Käppeli zu den wichtigsten (Waibel & Käppeli (2006), S. 136):

- Marktrisiken,
- Managementrisiken und strategische Risiken,
- Operative Risiken,
- Finanzielle Risiken,
- IT-Risiken sowie
- Ökologische Risiken.

Zusätzlich zu den Risikoarten ist die Einteilung von Risikobereichen eines Unternehmens wichtig. Risikobereiche lassen sich in innere und äußere Umwelten einteilen. Organisationseinheiten eines Unternehmens gehören zu den inneren Umwelten. Eine »Balanced

Scorecard« deckt die internen Bereiche in den verschiedenen Perspektiven ab. Die Risiken der äußeren Umwelt liegen einerseits in verschiedenen Märkten (beispielsweise Finanz-, Beschaffungs-, Arbeits- oder Informationsmarkt), in den Bereichen Technologie, Natur, Recht und Politik sowie in den sozialen Systemen (Rosenkranz & Missler-Behr, 2005).

Die Definition des Risikomanagements auf der Basis eines grundlegenden Konzeptes berücksichtigt den gesamten Prozess mit klaren Aufgaben und Verantwortungsbereichen. Führungskräfte steuern den Prozess und wenden ihn bei der Strategiedefinition und der Umsetzung an. Das Ziel des Risikomanagements besteht darin, mögliche Unsicherheiten zu erkennen und gezielt im Sinne des Unternehmens zu steuern (Deutsches Institut für interne Revision e.V., 2006). Ein erfolgreiches Risikomanagement sollte sich kontinuierlich mit den Risiken auseinandersetzen, d.h. vor allem bewerten und bewältigen (Kirchner, 2002).

Das Risikomanagement zielt darauf ab, eine Risikokultur im Unternehmen zu pflegen. Hierzu gehört, Prozesse mithilfe der jeweiligen Steuerungsinstrumenten zu führen. Eine Auskunft über Risiken muss durch eine konstante Berichterstattung gewährleistet sein.

Um die Ausführung des Risikomanagementprozesses im gesamten Unternehmen zu gewährleisten, ist die Beratung und Kommunikation durch die zentrale Führung notwendig.

Der Risikomanagementprozess ist dynamisch und es ist ein Ziel, ihn fortlaufend weiterzuentwickeln. Maßnahmen, die das Risiko steuern, sollten im Risikomanagementprozess gezielt ausgelöst werden (Diedrichs, Form & Reichmann, 2005).

Um einen Risikomanagementprozess zu führen, sind Risikostrategien notwendig. Diese legen die Einstellung des Unternehmens gegenüber Risiken fest. Risikostrategien sind ein Teil der Unternehmensstrategie. Das Unternehmen muss definieren, wie es mit Risiken umgeht (beispielsweise Akzeptanz, Vermeidung oder Transfer des jeweiligen Risikos).

Der vorliegende Leitfaden widmet sich dem Thema »Integriertes Risikomanagement«. Damit ist ein ganzheitlicher Zugang zum Risikomanagement gemeint. Finanzielle, wirtschaftliche, aber auch pflegerische, medizinische und prozessuale Risiken finden Berücksichtigung. Der Leitfaden bezieht sich sowohl auf strategische als auch auf operative Aspekte.

2.1.2 Risiko- und Fehlerkultur

Risiko- und Fehlerkultur im Gesundheitswesen sind entscheidend. Risiken sollen frühzeitig erkannt und Fehler vermieden werden. Eine gute Fehlerkultur akzeptiert Fehler, fördert das Lernen daraus und bietet Werkzeuge für den Umgang mit ihnen.

Die Fehlerkultur setzt sich aus Normen/Werten, Kompetenzen und Instrumenten zusammen. Mitarbeitende müssen die Fähigkeiten haben, Fehler zu bewältigen, und die Organisation muss entsprechende Werkzeuge bereitstellen.

Studien zeigen, dass Mitarbeitende oft zögern, Fehler zu melden, aufgrund von organisatorischen Barrieren und Ängsten. Eine positive Fehlerkultur hingegen ermutigt zur Meldung und trägt dadurch zur Sicherheit bei.

Eine gelebte und positive Fehlerkultur stärkt das Vertrauen in die Führung, ermöglicht frühzeitige Risikoerkennung und fördert Innovation. Führungskräfte spielen hierbei eine wichtige Rolle, indem sie ehrlich sind, klare Erwartungen setzen und Vertrauen in die Mitarbeitenden zeigen.

Risiko- und Fehlerkultur sind eng miteinander verknüpft. Gemeinsam beeinflussen sie den Umgang mit Risiken und Fehlern. Institutionen im Gesundheitswesen sind angehalten, geeignete Verfahren zu implementieren, um Risiken frühzeitig zu erkennen und potenzielle Fehlerquellen präventiv zu eliminieren bzw. ihnen entgegenzuwirken – mit dem Ziel, Fehler zu vermeiden (Tegtmeier & Wiedensohler, 2013).

2.1 Risikomanagement

Die Risikokultur umfasst gemeinsame Verhaltensweisen, Werte und Verfahren, die beschreiben, wie eine Organisation Risiken im präventiven Sinne bei ihren laufenden Aktivitäten berücksichtigt. Die Fehlerkultur hingegen fördert das Verständnis und die Akzeptanz, dass Fehler passieren können. Sie lenkt den Fokus auf den Umgang mit Fehlern, sobald sie auftreten. Dabei betont sie das Lernen aus Fehlern und die Gestaltung eines Umfelds, in dem Fehler als Gelegenheit zur Verbesserung betrachtet werden (Bestvater, 2022). Eine differenzierte Fehlerkultur reflektiert Varianten, fördert Bewertungsprozesse, erkundet das produktive Potenzial von Fehlern und lässt Normabweichungen zu (Ebner, Heimerl & Schüttelkopf (2008)).

Gemäß Ebner, Heimerl und Schüttelkopf lassen sich in der Fehlerkultur drei Ebenen unterscheiden: (1) Normen und Werte, (2) Kompetenzen und (3) Instrumentarien (Ebner, Heimerl & Schüttelkopf, 2008, S. 234–237).

1. *Normen und Werte* repräsentieren das »Wollen« der Organisationsmitglieder und die Art und Weise, mit Fehlern, Fehlerrisiken und Fehlerfolgen umzugehen. Hierzu ist jedoch anzumerken, dass proklamierte Leitvorstellungen und Werte oftmals im Kontrast zu den tatsächlich gelebten Werten stehen. Eine produktive Fehlerkultur liegt vor, wenn die tatsächlich gelebten Werte und Normen den an sie gerichteten Anforderungen entsprechen.
2. *Kompetenzen (mentale, emotionale, methodische und soziale)* repräsentieren das »Können« der Mitarbeitenden in der Organisation. Der gute Wille allein reicht nicht aus. Es bedarf ausgebildeter individueller und kollektiver Kompetenzen im Umgang mit Fehlern, Fehlerrisiken und Fehlerfolgen. Hierbei sind die mentalen und emotionalen Kompetenzen aller Mitarbeitenden in einer Organisation ebenso relevant wie soziale und methodische Kompetenzen. Gut entwickelte Leitvorstellungen und Werte bleiben weitgehend wirkungslos, wenn es den Mitarbeitenden in einer Organisation an den notwendigen Fähigkeiten (Skills) fehlt.
3. *Instrumentarien* verdeutlichen das »Dürfen und Kennen« der Mitarbeitenden in einer Organisation. Methoden, Techniken und In-

strumente, die eine Organisation für den Umgang mit Fehlern bereitstellt, bilden die dritte Säule einer soliden Fehlerkultur. Sie stellen das professionelle Handwerkszeug dar. Das Niveau der verfügbaren Instrumente bestimmt somit auch die Qualität der Fehlerkultur. Eine produktive Fehlerkultur liegt vor, wenn die erforderlichen Instrumente in ausreichender Qualität zur Verfügung stehen, um den Anforderungen der Organisation in angemessenem Umfang gerecht zu werden (Ebner, Heimerl & Schüttelkopf, 2008).

Die Studie von Winsvold, Prang und Jelsness-Jørgensen offenbarte mehrere Barrieren, die Mitarbeitende davon abhielten, unerwünschte Vorfälle oder Fehler zu melden: organisatorische Faktoren wie fehlende Unterstützung, eine ungünstige Kultur in der Organisation, individuelle Hindernisse (z. B. Angst vor Verunglimpfung und Konflikten) sowie mangelndes technologisches Wissen und Vertrauen. Die Ergebnisse der Studie unterstreichen die hohe Bedeutung einer Fehlerkultur, die Mitarbeitende dazu ermutigt, Vorfälle zu melden und somit zur Sicherheit von Bewohnenden in Alters- und Pflegeheimen beizutragen (Winsvold Prang & Jelsness-Jørgensen, 2014).

Eine gelebte positive Fehlerkultur ist in vielerlei Hinsicht ein Erfolgsfaktor für die Organisation. Sie stärkt das Vertrauen der Mitarbeitenden in die Führung. Zudem trägt sie dazu bei, Risiken frühzeitig zu erkennen und folglich minimieren zu können. Sie ermöglicht die freie Äußerung von Optimierungs- und Innovationsideen, die sich nutzen lassen. Dies erfordert eine Übereinstimmung zwischen den Leitwerten der Organisation und dem tatsächlichen Führungsverhalten. Maximale Transparenz und Informationsweitergabe sind ebenfalls erforderlich. Führungspersonen können maßgebend zu einer positiven Fehlerkultur beitragen, beispielsweise durch Ehrlichkeit im Hinblick auf die eigene Person, die Klärung von Erwartungen und Vertrauen in die Fähigkeiten der Mitarbeitenden (Barth Frazetta, 2020).

2.1.3 Risikomanagement in Alters- und Pflegeheimen

Risikomanagement im Gesundheitswesen ist grundsätzlich verbreitet, aber die Umsetzung bleibt anspruchsvoll. Es umfasst Bereiche wie Sturzprävention, Dekubitusprophylaxe, Hygiene, Ernährung und andere Bereiche, doch oft fehlt eine wissenschaftlich fundierte Basis.

Strukturiertes Risikomanagement verbessert die Sicherheit der Bewohnenden in Pflegeeinrichtungen. Es betrifft Bewohner und Bewohnerinnen, Angehörige, Personal und die Organisation selbst. Komplexe Gesundheitsprobleme, insbesondere Demenz, erfordern spezielle Aufmerksamkeit.

Risiken im Personal- und Organisationsbereich beinhalten den Fachkräftemangel, Arbeitsbelastungen und psychosoziale Belastungen. Die Übersichtlichkeit der Aufgaben und der persönliche Kontakt zu Senioren und Seniorinnen sind wichtig für die Zufriedenheit der Mitarbeitenden.

Die Arbeit in der Altenpflege birgt gesundheitliche Risiken wie Muskel-Skelett-Belastungen, Hautprobleme und Infektionsgefahren. Schichtarbeit, Trauer und Gewalterfahrungen sind zusätzliche Belastungen.

Unerwünschte Arzneimittelereignisse sind ein Problem, das häufig auf Ablenkungen und Probleme mit Richtlinien zurückzuführen ist. In der Hauswirtschaft und der Küche sind Kontrollen üblich, um Risiken zu minimieren.

Weitere Bereiche des Risikomanagements in Pflegeeinrichtungen sind Arbeitssicherheit, Datenschutz und Datensicherheit.

Die Bedeutung von Regelungen, Vorkehrungen und Prophylaxen im Rahmen des Risikomanagements wird von den Verantwortlichen meist erkannt. Die Planung, Umsetzung, Steuerung und kontinuierliche Verbesserung im Sinne eines Risikomanagements stellt für Institutionen jedoch eine große Herausforderung dar (Blonski, 2014).

2 Grundlagen

Die zentralen Aspekte eines integrierten Risikomanagements sind vor allem Sturzprävention, Dekubitusprophylaxe, Vermeidung von Mangelernährung, Vermeidung von Hygienemängeln, Vermeidung von freiheitsentziehenden Maßnahmen sowie Gewalt in der Pflege. Auch die wissenschaftliche Fundierung, d.h. die theoretischen und empirischen Grundlagen, sind ausbaufähig (Borutta, 2014).

Erfahrungen zeigen, dass strukturiertes Risikomanagement wesentlich zur Sicherheit der Bewohnenden beiträgt. Risikomanagement in einem Alters- und Pflegeheim betrifft insbesondere die Bereiche »Bewohnende«, »Angehörige«, »Personal« und »Organisation« (Kämmer, 2014).

Die Bewohnendenstruktur in stationären Pflegeeinrichtungen setzt sich häufig aus mehrfach und chronisch erkrankten Bewohnenden zusammen. Komplexität, Pflegebedarf und die damit verbundenen gesundheitlichen Risiken haben sich in den letzten Jahren erhöht. Zusätzlich leiden viele Senioren an Demenz, was die Risikodichte nochmals steigert.

Allgemeine Risiken sind Risiken, die bei der Kundengruppe (d.h. bei den Bewohnenden) gehäuft auftreten. Beispielsweise ist bei den meisten Senioren die Anpassung ihrer Sehfähigkeit an wechselnde Lichtverhältnisse eingeschränkt. Daher sollten Räume und Flure von Alters- und Pflegeheimeinrichtungen möglichst gleichmäßig und hell ausgeleuchtet sein. Ein weiteres häufiges Problem besteht darin, dass viele ältere Menschen zu wenig trinken. Ein vielfältiges Getränkeangebot sollte daher stets zur freien Verfügung bereitstehen.

Spezielle Risiken in der Pflege sind in den Nationalen Expertenstandards des Deutschen Netzwerks zur Qualitätsentwicklung in der Pflege (DNQP) beschrieben. Es geht um risikobegrenzende und gesundheitsfördernde Aussagen zu relevanten Pflegesituationen. Derzeit liegen Expertenstandards zu folgenden Themenbereichen vor (Kämmer, 2014, S. 37 f.):

- Dekubitusprophylaxe,
- Entlassungsmanagement,
- Schmerzmanagement,

2.1 Risikomanagement

- Sturzprophylaxe,
- Förderung der Harnkontinenz,
- Pflege von Menschen mit chronischen Wunden,
- Ernährungsmanagement,
- Beziehungsgestaltung in der Pflege von Menschen mit Demenz,
- Förderung der Mundgesundheit und
- Erhaltung und Förderung der Mobilität.

Risiken in den Bereichen »Personal« und »Organisation« sind vor allem durch den zunehmenden Fachkräftemangel und die Arbeitssituation des Pflegepersonals (Arbeitsbelastung bzw. -überlastung) geprägt. Die folgenden Belastungen sind in diesem Zusammenhang relevant:

- Physische Belastungen durch unterschiedliche muskuläre Aktivitäten (z.B. häufiges Laufen, Heben, Drehen und Tragen von Personen, Schichtarbeit, häufiges Einspringen, permanente Erreichbarkeit),
- Physikalische und chemische Belastungen (Hitze, üble Gerüche, Lärm) sowie
- Psychosoziale Belastungen der Arbeitswelt (z.B. Arbeiten in prekären Netzwerkkonstellationen: Todesnähe, belastete Angehörige, existenzielle Krisen).

Steigende krankheitsbedingte Ausfälle und sinkende Arbeitszufriedenheit verdichten die Gefahrenlage zusätzlich, da Risikopotenziale von Bewohnenden und Personal aufeinandertreffen. Eine große Rolle für die Zufriedenheit mit der Arbeitssituation des Pflegepersonals spielt die Überschaubarkeit der Verantwortungsbereiche und die Möglichkeit, einen persönlichen und kontinuierlichen Kontakt zu den Bewohnenden zu pflegen (Kämmer, 2014).

Arbeit in der stationären Altenpflege ist traditionell durch eine Reihe von gesundheitlichen Risiken gekennzeichnet. Hierzu gehören Belastungen des Muskel-Skelett-Systems durch Transfers oder ungünstige Körperhaltungen bei Pflegetätigkeiten. Hinzu kommen Belastungen der Haut (insbesondere der Hände) durch Kontakt mit Desinfektionsmitteln und Feuchtigkeit. Außerdem ist mit Kontakt zu Infektionserregern zu rechnen. Hinzu kommen Belastungen durch die Arbeit im Schichtdienst, die Konfrontation mit menschlichem Leiden und Sterben, sowie Gewalterfahrungen und psychische Belastungen (Baars, 2014).

Ein weiteres Problemfeld in der stationären Pflege sind unerwünschte Arzneimittelereignisse, arzneimittelbezogene Probleme und daraus resultierende gesundheitliche Einschränkungen der Bewohnenden. Eine Untersuchung in deutschen Alten- und Pflegeeinrichtungen (Thürmann & Jaehde, 2010) hat ergeben, dass in einem durchschnittlichen Heim mit hundert Bewohnenden monatlich 7,62 unerwünschte Arzneimittelereignisse entstehen, beispielsweise Stürze, Kognitionsstörungen und Magenblutungen (Hanke, 2014). Als wichtigste Ursachen werden dabei häufige Ablenkungen der Pflegefachpersonen und Problemstellungen mit Richtlinien und Arbeitsabläufen genannt (Hanke, 2014).

Hauswirtschaft und Küche sind weitere Bereiche der stationären Pflege, deren Alltag bereits heute durch Kontrollen geprägt sind. Reinigungskontrollen, Kontrollen der Waschqualität, sensorische Kontrolle von zubereiteten Speisen usw. stehen neben diversen Kontrollen im Hygienebereich auf der Tagesordnung. Außerdem ist man daran gewöhnt, regelmäßig durch externe Institutionen überprüft zu werden, beispielsweise durch das Gesundheitsamt, das Amt für Lebensmittelüberwachung, den medizinischen Dienst, die Heimaufsicht oder Berufsgenossenschaften. Neben diesen externen Kontrollen haben sich auch interne Qualitätsmanagementsysteme entwickelt, die Eigenkontrollen durchführen. Das HACCP-Konzept (Hazard Analysis and Critical Control Points, Gefahrenanalyse und kritische Lenkungspunkte; entwickelt durch die NASA) wird nicht mehr ausschließlich im Verpflegungsbereich angewendet, sondern mittlerweile auch in anderen hauswirtschaftlichen Bereichen. Dabei werden Risiken identifiziert, kritische Kontrollpunkte definiert und Grenzwerte festgelegt. Diese Kontrollpunkte werden überwacht. Beim Überschreiten der Grenzwerte erfolgen Korrekturmaßnahmen

(Reiner, 2014). Ein ähnliches Vorgehen bei der Textilpflege schlägt das RABC-Konzept vor (Risiko-Analyse-Bio-Kontrollsystem) (Reiner, 2014).

Weitere wichtige Felder im Risikomanagement von Pflegeeinrichtungen sind Arbeitssicherheit, Datenschutz und Datensicherheit.

2.2 Schnittstellen mit anderen Systemen und Funktionen

2.2.1 Strategisches Management

Strategisches Management in der Betriebswirtschaftslehre umfasst die Entwicklung, Planung und Umsetzung von organisatorischen Zielen. Es muss eng mit dem Risikomanagement verknüpft sein, da sämtliche Ziele sowohl Chancen als auch Risiken beinhalten. Planungshorizonte erstrecken sich normalerweise über zwei bis fünf Jahre. Wichtige Beiträge zur Managementtheorie stammen von Chandler (1962), Ansoff (1965) und Andrews (1971).

Es gibt vereinfachende Matrizen für generische Strategien wie Ansoffs Produkt-Markt-Matrix und die BCG-Matrix der Boston Consulting Group. Michael Porters generische Wettbewerbsstrategien (Differenzierung, Kostenführerschaft, Fokussierung) sind ebenfalls bekannt.

Strategieentwicklung erfordert in der Regel die folgenden Schritte:

- Definition von Mission, Vision und Werten.
- Identifikation allgemeiner Trends (PESTEL-Analyse).
- Definition des Zielmarktes und strategischer Geschäftsfelder.
- Durchführung einer Wettbewerbsanalyse (Porters Five Forces).

- Durchführung einer SWOT-Analyse.
- Festlegung strategischer Ziele.

Strategische Ziele sollten messbar sein und erfordern Maßnahmen zur Umsetzung. Hierbei sind Instrumente wie die Balanced Scorecard, Kennzahlensysteme oder Management-Cockpits hilfreich.

Das strategische Management ist in der Betriebswirtschaftslehre eine Managementfunktion, die sich mit der Entwicklung, Planung und Umsetzung inhaltlicher Ziele und Ausrichtungen von Organisationen beschäftigt. Alle Ziele und die zur Erreichung erforderlichen Maßnahmen enthalten sowohl Chancen als auch Risiken. Daher müssen strategisches Management und Risikomanagement Hand in Hand gehen. Die Planungshorizonte im strategischen Management umfassen in der Regel zwei bis fünf Jahre. Die Grundlage für Managementtheorien bilden vor allem die Werke von Chandler (1962). Er prägte den Begriff *Strategie im ökonomischen Kontext* und zeigte den Bezug zur Struktur auf. Ansoff (1965) legte den Grundstein für das strategische Management auf Unternehmensebene. Andrews (1971) begründete das strategische Management auf Geschäftsfeldebene.

Bezogen auf die Geschäftsfelder einer Organisation gibt es verschiedene vereinfachende Matrizen, die generische Strategien empfehlen. Am bekanntesten sind die Matrix von Igor Ansoff sowie die Matrix der Boston Consulting Group (BCG-Matrix). Erstere beinhaltet die Dimensionen »Produkt« und »Markt« sowie »neu« und »bestehend«. Auf dieser Basis werden Handlungsempfehlungen abgeleitet. Die BCG-Matrix hat die Dimensionen »relativer Marktanteil« und »Marktwachstum« und leitet daraus Normstrategien ab. Ein weiteres sehr bekanntes Beispiel sind die generischen Wettbewerbsstrategien von Porter (1980). Die Wettbewerbsstrategie ist eine Strategie innerhalb des strategischen Managements von Unternehmen – mit dem Ziel, im Wettbewerb durch Marktbearbeitung langfristige Wettbewerbsvorteile gegenüber Konkurrenten zu erzielen. Porter

2.2 Schnittstellen mit anderen Systemen und Funktionen

unterscheidet dabei zwischen Differenzierungs-, Kostenführer- und Nischen- bzw. Fokussierungsstrategien.

Alle diese Ansätze bieten wertvolle Hilfestellungen bei der Formulierung von Strategien. Jedoch ersetzen sie nicht den Prozess der systematischen Entwicklung strategischer Ziele, die sich auf eine konkrete Unternehmung bzw. Organisation beziehen. Bei der Strategieentwicklung geht es darum, die wichtigen langfristigen Ziele des Unternehmens festzulegen. Um eine Strategie systematisch zu formulieren, sind die folgenden Schritte notwendig:

1. Mission, Vision und Werte definieren: Die Mission ist die Existenzberechtigung einer Organisation. Demgegenüber ist die Vision eine grobe Beschreibung des Geschäftsmodells. Die Werte beschreiben die wichtigen ethischen Aspekte der Organisation und werden häufig in einem »Code of Conduct« zusammengefasst.
2. Allgemeine Trends identifizieren (Umweltanalyse): Allgemeine Trends kommen aus folgenden Bereichen: Gesellschaft, Wirtschaft, Technik, Umwelt (Ökologie), Politik und Recht. Man spricht in diesem Zusammenhang auch von PESTEL-Analyse (Politics, Economics, Society, Technology, Ecology, Legal).
3. Zielmarkt und strategische Geschäftsfelder definieren: Die Dimensionen »Produkt/Dienstleistung«, »Kunde«, »Vertriebskanal« und »Region« definieren den Zielmarkt und das strategische Geschäftsfeld. Wichtig ist zudem eine Einschätzung des Marktvolumens, des Marktwachstums und des Marktpotenzials.
4. Wettbewerbsanalyse durchführen: Die Wettbewerbsanalyse bezieht sich auf die wichtigsten Konkurrenten am Markt. Sie wird häufig als Teil der sogenannten »Five Forces« von Porter durchgeführt. Diese betrachten zudem die Marktmacht von Kunden und Lieferanten sowie die Gefahr durch Ersatzprodukte (Substitute) und durch neue Markteintritte.
5. SWOT-Analyse durchführen (Unternehmensanalyse): Die Stärken und Schwächen der Organisation sowie die Chancen und Gefahren, die von außen einwirken, werden hier aufgeführt. Chancen und Gefahren ergeben sich aus der Trendanalyse. Wirkt ein Trend

positiv auf die Organisation, entsteht eine Chance, andernfalls eine Gefahr.
6. **Strategische Ziele festlegen:** Diese ergeben sich in der Regel aus der SWOT-Analyse. Falls eine Stärke auf eine relevante Chance trifft oder eine Schwäche auf eine mögliche Gefahr, wird dies als strategisches Ziel formuliert.

Oftmals sind strategische Ziele noch gar nicht vorhanden. Sie müssen erst systematisch entwickelt und anschließend umgesetzt werden. Dies ist oftmals das Hauptproblem. Dazu müssen die Ziele anhand von Kennzahlen messbar gemacht werden. Es gilt Maßnahmen einzuleiten, um die Ziele zu erreichen. Als Hilfsmittel eigenen sich hierfür Instrumente wie »Balanced Scorecard«, Kennzahlensysteme oder Management-Cockpits.

2.2.2 Qualitätsmanagement

Qualitätsmanagement und Risikomanagement sind separate, aber ergänzende Ansätze. Das Risikomanagement zielt auf ungeplante Abweichungen und Entscheidungen unter Unsicherheit ab, während das Qualitätsmanagement Prozesse gemäß Anforderungen plant, steuert und optimiert, um die Produkt- oder Dienstleistungsqualität und die Kundenzufriedenheit zu verbessern. Qualitätsmanagement verwendet Qualitätsindikatoren zur Leistungsmessung und stellt sicher, dass Qualitätsaspekte in Arbeitsabläufe integriert werden.

Qualitätsmanagement unterstützt die Verminderung von Risiken, indem es bei der Risikoidentifikation, -steuerung und -bewältigung hilft. Gesetzliche Vorschriften haben einheitliche Qualitätsstandards für die Pflege eingeführt und Pflegeeinrichtungen zur Implementierung eines Qualitätsmanagements verpflichtet. Viele Einrichtungen haben Qualitätszertifikate wie die DIN ISO 9001 erworben.

2.2 Schnittstellen mit anderen Systemen und Funktionen

Bei der Zertifizierung bewerten Pflegeeinrichtungen fünf Hauptbereiche:

- Wirtschaftlicher Erfolg (Umsatz, Auslastung, Kosten).
- Zufriedenheit der Pflegebedürftigen (Bewohner- und Angehörigenbefragungen).
- Mitarbeiterzufriedenheit (Arbeitsatmosphäre, -bedingungen).
- Beschwerdemanagement (Beschwerdebogen).
- Ergebnisse externer Prüfungen (z. B. durch MDK, Heimaufsicht).
- Risikomanagement und Qualitätsmanagement ergänzen sich, obwohl die Abgrenzung nicht immer eindeutig ist.

Qualitätsmanagement und Risikomanagement verfolgen unterschiedliche Ziele, ergänzen sich jedoch auch. Beim Risikomanagement stehen ungeplante Zielabweichungen und Entscheidungen unter Unsicherheit im Vordergrund. Qualitätsmanagement hingegen zielt auf die Planung, Steuerung und Optimierung von Prozessen anhand vorgegebener Anforderungen. Das Ziel des Qualitätsmanagements besteht darin, die Qualität eines Produktes oder einer Dienstleistung zu verbessern – und dadurch die Kundenzufriedenheit zu erhöhen. Dies lässt sich anhand von Qualitätsindikatoren und Kennzahlen messen. Bei der Gestaltung von Arbeitsabläufen in Organisationen soll Qualitätsmanagement sicherstellen, dass Qualitätsbelange den zugewiesenen Platz einnehmen. Qualität bezieht sich dabei sowohl auf die vermarkteten Produkte bzw. Dienstleistungen als auch auf die internen Prozesse der Organisation. Qualität ist definiert als das Maß, in dem das betrachtete Produkt oder der betrachtete Prozess den Anforderungen genügt. Diese Anforderungen können explizit definiert sein. Sie können aber auch implizit vorausgesetzt werden (im Sinne von Erwartungen) (Hunziker, S. et al., 2022). Hierbei ist zu berücksichtigen, dass die Vorgaben bzw. Mindestanforderungen für das Qualitätsmanagement von Kanton zu Kanton bzw. von Bundesland zu Bundesland unterschiedlich sein

können (z. B. die Richtlinien zu den Qualitätsanforderungen des Kantons St. Gallen).
Qualitätsmanagement leistet somit einen Beitrag zum Risikomanagement, indem es bei der Risikoidentifikation und vor allem bei der Risikosteuerung und -bewältigung unterstützt.
Der Gesetzgeber erkannte die Notwendigkeit und entwickelte einheitliche Qualitätsstandards für die Pflege. Er verpflichtete die Pflegeeinrichtungen, ein Qualitätsmanagement einzuführen. Viele Einrichtungen haben inzwischen die Wichtigkeit der Qualität von Pflegeleistungen erkannt und lassen sich diese durch ein eigenes Zertifikat bescheinigen (zum Beispiel DIN ISO 9001).
Im Rahmen des Zertifizierungsprozesses sollen Pflegeeinrichtungen vor allem fünf Bereiche auf deren Qualität hin überprüfen und bewerten:

- Wirtschaftlicher Erfolg (anhand der Umsatzziele, der Auslastung, der Kosten),
- Zufriedenheit der Bewohnenden und Angehörigen (einmal jährlich werden Bewohnenden und Angehörige befragt),
- Zufriedenheit der Mitarbeitenden (Arbeitsatmosphäre, Arbeitsbedingungen usw.),
- Beschwerdemanagement (Beschwerdebogen für Bewohnende und Angehörige),
- Ergebnisse externer Prüfungen (zum Beispiel durch MDK, Heimaufsicht oder Gesundheitsamt).

Risikomanagement und Qualitätsmanagement ergänzen sich gegenseitig. Es gibt keine einheitliche Meinung dazu, ob das Qualitätsmanagement Teil des Risikomanagements ist oder umgekehrt. Die folgende Tabelle zeigt im Überblick die Unterschiede der beiden Konzepte:

2.2 Schnittstellen mit anderen Systemen und Funktionen

Tab. 2.1: Vergleich von Qualitäts- und Risikomanagement (aus: Ahrens, 2020, S. 19; Richiger & Müllener, o. A.)

	Qualitätsmanagement	Risikomanagement
Zielsetzung	Qualitätsverbesserung	Risikoreduktion
Leitgedanken	Planen und Gestalten	Erkennen und Bewältigen
Organisationskultur	Qualitätskultur	Fehlerkultur
Qualitätsfokus	Unternehmensqualität	Versorgungsqualität
Handlungsschwerpunkt	Prozessorientierung	Risikoidentifikation
Dimensionen	Strukturen, Prozesse, Ergebnisse	Fehlervermeidung, Schadensfreiheit, Sicherheit
Lenkung von Dokumenten	Änderungsdient, Genehmigungen	Einhaltung von Regulatorien, interne Weisungen, Geheimhaltung
Verantwortung der Leitung	Erfüllung von Kundenanforderungen bzw. von gesetzlichen und behördlichen Anforderungen	Strategie, IKS, Innovation, Legal Compliance, Haftpflicht des Managements, Kundenbindung, Integrität, Erwartungen der Stakeholder
Management von Ressourcen	Qualifikation der Mitarbeitenden, Know-how, Ausbildungsnachweise, Infrastruktur, Ergonomie	HR-Risiken, Arbeitssicherheit, Infrastruktur, Interkulturelles Management
Produktrealisierung (Erbringung von Dienstleistungen)	Qualitätsziele, Offerten- und Auftragsabwicklung, Beschaffung und Logistik, Lagerung, Design Reviews, Harmonisierte Normen, Vertragserfüllung, Termintreue, Produktanforderungen, Überwachung kritischer Prozesse, Einhaltung von Umweltvorschriften, Änderungsprozess, Kennzeichnung, Rückverfolgbarkeit, Messmittelüber-	Strategie, Entwicklungsrisiken, Haftungsrisiken, Legal Compliance, Patentrechte, Urheberrechte, Umweltvorschriften, Kundenbindung, Beschaffungsrisiken, Währungsrisiken, Liquiditätsrisiken, Reputation, IT-Risiken

Tab. 2.1: Vergleich von Qualitäts- und Risikomanagement (aus: Ahrens, 2020, S. 19; Richiger & Müllener, o. A.) – Fortsetzung

	Qualitätsmanagement	Risikomanagement
	wachung, Fehlermanagement, Korrekturmaßnahmen, Vorbeugemaßnahmen, Rückrufaktionen	
Messung, Analyse & Verbesserung	Kundenzufriedenheit, Mitarbeitendenzufriedenheit, Abweichungen bei Audits, Prozesssicherheit, Datenanalyse, Verbesserung	Key Performance Indicators (Key Risk Indicators), finanzielle Risiken

2.2.3 Compliance Management

Compliance bedeutet die Einhaltung von gesetzlichen Bestimmungen, regulatorischen Standards und internen Regelwerken. Durch Compliance-Management sollen die damit verbundenen Risiken minimiert werden, d.h. strafrechtliche oder regulatorische Konsequenzen bei Compliance-Verstößen. Compliance-Meldungen können auch Hinweise auf mögliche, noch unerkannte Risiken geben. Somit unterstützen sie den Prozess der Risikoidentifikation (Hunziker et al, 2022).

2.2.4 Informationssicherheit

Insbesondere durch die zunehmende Digitalisierung in allen Bereichen erhöhen sich die Anforderungen an Informationssicherheit und Datenschutz ständig. Im Rahmen eines »Information Security Management Systems« wird versucht, diesen komplexen Anforderungen zu begegnen. Dabei stehen die Aspekte »Vertraulichkeit« und »Integrität« im Zentrum, ebenso die Verfügbarkeit von Informationen und die Sicherheit von Geschäftsprozessen, Anwendungen und ICT-Systemen (Hunziker et al, 2022).

2.2.5 Versicherungs- und Schadenmanagement

Das Abschließen einer Versicherung ist ein typisches Beispiel für einen Risikotransfer – für das Überwälzen eines bestimmten Schadenspotenzials an Dritte – in diesem Fall an die Versicherungsgesellschaft. Haftpflichtschäden, Gebäude, Feuer und ähnliches können auf diese Weise abgedeckt werden. Eine Besonderheit bei Pflegeheimen besteht darin, dass Bewohnende zu Schaden kommen können – durch falsche Medikation, Unfälle, Übergriffe, mangelnde Sicherheitsmaßnahmen und ähnliches. Eine Haftpflichtversicherung deckt in solchen Fällen zwar den finanziellen Schaden ab. Ethische Fragen und Reputationsschäden lassen sich jedoch nicht auf diese Weise versichern. Transferierte Risiken tauchen üblicherweise nicht mehr auf der Liste der relevanten Risiken auf. In diesem Fall sollte dies aber trotzdem geschehen, um auch den nicht direkt finanziell wirksamen Risiken Rechnung zu tragen (Hunziker et al, 2022).

2.2.6 Krisenstab

> Ein Krisenstab ist eine Organisation innerhalb einer Einrichtung, die bei Katastrophen wie Pandemien die Rückkehr zur Normalität sicherstellt. Er verwendet Notfallpläne, um die Krise zu bewältigen, im Gegensatz zum Risikomanagement, das sich mit Risiken und Chancen befasst. Der Krisenstab klärt Situationen, führt Interventionen durch und kommuniziert Informationen.

Ein Krisenstab ist eine Projektorganisation innerhalb der bestehenden Einrichtung, die bei Katastrophen oder gravierenden Risikoereignissen (z. B. Pandemie) die Rückführung zur Normalität sicherstellt. Anhand von vordefinierten oder ad hoc erstellten Notfallplänen führt ein Krisenstab eine Organisation durch die Krise. Dadurch unterscheidet sich das Krisenmanagement vom Risikomanagement, das sich mit möglichen Risiken, aber auch mit potenziellen Chancen beschäftigt (Hunziker et al., 2022). Zu den Aufgaben des Krisenstabs gehört die Klärung der Situation, die Durchführung von Interventionen und Maßnahmen, die Evaluation von Interventionsschritten sowie Information und Kommunikation. Eine Notfallplanung sollte die folgenden Punkte adressieren:

- Zielgruppen
  - Intern: Mitarbeitende, Geschäftsleitung, Verwaltungsrat, Bewohnende
  - Extern: Angehörige, Gemeinden, Kanton, Ärzteschaft, Ämter, Medien, allgemeine Öffentlichkeit
- Führungstätigkeiten: Sofortmaßnahmen, Zeitplanung, Lagebeurteilung
- Krisenkommunikation: Umgang mit Medien (Mitteilung, Konferenz, Interviews)
- Debriefing: Sammlung, Strukturierung, Sicherung und Verarbeitung von Erfahrungen.

Eine Notfallplanung sollte für folgende Ereignisse vorliegen:

- Norovirus
- Pandemie (z. B. COVID-19)
- Brand
- Evakuierung
- Unfall
- Todesfall/Suizid
- Vermisste Bewohnerin/vermisster Bewohner
- Außergewöhnliche Todesfälle
- Hochwasser/Überschwemmung
- Lebensmittelvergiftung

- Stromausfall
- Ausfall des Notrufs

2.2.7 Leadership

In den letzten Jahrzehnten wurde der Begriff »Leadership« in der deutschen Sprache vor allem mit Führungsqualitäten, Leitung und Führung in Verbindung gebracht. Leadership umfasst die besonderen Merkmale, die Führungskräfte benötigen, um andere von ihren Werten, Zielen, Visionen und Handlungsweisen zu überzeugen und eine Vorbildfunktion einzunehmen. Es gibt verschiedene Führungsstile in der Literatur:

- *Autokratisch bzw. autoritär:* Hier werden die Entscheidungen durch die Führungskraft zentral getroffen
- *Partizipativ bzw. demokratisch:* Entscheidungen werden nicht zentral getroffen, sondern die Gruppe wird einbezogen
- *Laissez-faire:* Entscheidungen werden an die Gruppe delegiert.
- *Aufgabenorientierung:* Konzentration auf sachliche Aufgaben, Ziele und Termine
- *Beziehungsorientierung:* Konzentration auf die Beziehungen innerhalb der Gruppe, Kommunikation und Vertrauen

Die Begriffe »Manager« und »Leader« werden im Alltag oft als Synonyme verwendet, aber sie unterscheiden sich in ihrer Arbeitsweise und ihren Zielen. Manager konzentrieren sich auf Strukturen und Systeme, während Leader sinnstiftende Ziele setzen und Mitarbeitende inspirieren. Leader legen Wert auf Beziehungen, schaffen Vertrauen und denken langfristig. Sie sollten strategische, unternehmerische, zwischenmenschliche und kognitive Kompetenzen haben. Eine erfolgreiche Führung kombiniert oft Leadership und Management, indem sie technokratische Ansätze mit den Eigenschaften des Leadership verbindet.

2 Grundlagen

In den letzten zwei Jahrzehnten wurde mit den Begriffen »Leader« und »Leadership« in der deutschen Sprache vor allem Führungsqualitäten, Leitung und Führung in Verbindung gebracht. Alle besonderen Merkmale, welche eine Führungskraft benötigt, um andere von den eigenen Werten, Zielen, Visionen oder Handlungsweisen zu überzeugen und eine Vorbildfunktion einzunehmen, werden durch den Begriff »Leadership« umfasst.

In der Literatur unterscheidet man verschiedene Führungsstile. Die wichtigsten davon sind im Folgenden kurz dargestellt:

- Autokratisch bzw. autoritär: Die Führungskraft trifft die Entscheidungen zentral
- Partizipativ bzw. demokratisch: Entscheidungen werden nicht zentral getroffen, die Gruppe wird einbezogen
- Laissez-faire: Entscheidungen werden an die Gruppe delegiert
- Aufgabenorientierung: Konzentration auf sachliche Aufgaben, Ziele und Termine
- Beziehungsorientierung: Konzentration auf Beziehungen innerhalb der Gruppe, Kommunikation und Vertrauen.

Eine weitere Form der Führung, die vor allem in der Pflege häufig anzutreffen ist, ist die transformationale Führung. Dabei nehmen Führungskräfte ihre Vorbildfunktion überzeugend wahr und erwerben dadurch Vertrauen, Respekt, Wertschätzung und Loyalität.

Die Begriffe »Leader« und »Manager« werden im alltäglichen Sprachgebrauch häufig als Synonym verwendet. Jedoch bestehen zentrale Unterschiede. So stehen Strukturen und Systeme im Fokus des Managers. Zu seinen Aufgaben zählen Planung, Kontrolle und das Organisieren von Abläufen. Die Führungsweise eines Managers ist sachlich distanziert und analytisch. Im Gegensatz dazu formulieren Leader ein sinnstiftendes Ziel und bauen das Sinnstreben von Mitarbeitern auf. Sie kommunizieren die Vision des Unternehmens und wecken Engagement für die Zielerreichung. Zudem denken »Leader«

langfristig, fordern den Status quo heraus, sind risikobereit und neigen zum Optimismus.

»Leader« sollten vier Kompetenzen aufweisen, um Aufgaben effektiv und sachgerecht lösen zu können: strategische, unternehmerische, zwischenmenschliche sowie kognitive Kompetenzen. Besonders erfolgreiche Führung entsteht durch eine situationsangepasste Kombination aus Leadership und Management. So können die Eigenschaften des Leaderships den technokratischen Ansatz des Managements ergänzen.

3 Gesetzliche Grundlagen und Normen

3.1 Gesetzliche Grundlagen in der Schweiz

Sebastian Reichle

Pflegeheime können öffentlich und privatrechtlich organisiert sein. Das Gemeinwesen bestimmt die Rechtsform im Rahmen des kantonalen Rechts. In den meisten Kantonen bestehen sowohl öffentliche als auch private Pflegeheime.

Auf Bundes- und Kantonsebene gibt es zahlreiche Regelungen, die Alters- und Pflegeheime unabhängig von der gewählten Rechtsform einzuhalten haben. Die Bewilligungsprüfung und die Regelungen zur Aufsicht bezwecken grundsätzlich, dass Alters- und Pflegeheime ein funktionierendes Qualitäts- und Risikomanagement gewährleisten müssen.[2] Schweizweit und in einzelnen Kantonen bestehen zunehmend Regelungen, die mehr oder weniger detaillierte Qualitätsstandards für Alters- und Pflegeheime vorsehen. Das Ziel besteht darin, sowohl wirtschaftliche Risiken als auch Risiken im Umgang mit Personal und Bewohnenden zu vermeiden.[3]

---

2 So auch ARTISET Zürich im Jahr 2017 (https://artiset-zh.ch/fachwissen/quali taet/, Zugriff am 23.12.2024): »Der Kanton Zürich macht den Leistungserbringern (bisher) keine umfassenden Qualitätsvorgaben, sondern nur indirekt im Rahmen der Bewilligung und der Aufsicht.«

3 Vgl. zum Beispiel in diesem Zusammenhang die die Richtlinien zu den Qualitätsanforderungen des Kantons St. Gallen (vgl. https://www.sg.ch/gesund heit-soziales/soziales/alter/betagten--und-pflegeheime/qualitaet.html, Zugriff am 23.12.2024).

3.1 Gesetzliche Grundlagen in der Schweiz

In privatrechtlicher Hinsicht sind insbesondere der Verein, die Stiftung, die Aktiengesellschaft, die GmbH sowie die Genossenschaft mögliche Rechtsformen für ein Pflegeheim.[4] Als mögliche öffentlich-rechtliche Organisationsformen kommen insbesondere die öffentlich-rechtliche Anstalt, die Körperschaft oder der Zweckverband in Frage (Landolt, 2009).

Die öffentlich-rechtliche Anstalt wird durch einen Kanton oder eine Gemeinde mittels eines sogenannten »Spezialgesetzes« errichtet und dient einem bestimmten Nutzungszweck. Die unselbstständige Anstalt hat keine eigene Rechtspersönlichkeit und ist Teil der Verwaltung. Sie hat daher kein eigenes Vermögen, ist nicht rechtsfähig und kann selbst kein Haftungssubjekt sein. Die selbstständige Anstalt verfügt über eine eigene Rechtspersönlichkeit und steht außerhalb der Verwaltung. Kantone oder Gemeinden können Gesundheitsbetriebe auch als Zweckverbände organisieren, die auf einem öffentlich-rechtlichen Vertrag basieren (Landolt, 2009).

Private Alters- und Pflegeheime mit kantonalem Leistungsauftrag erfüllen staatliche Aufgaben. Somit sind sie an die Grundrechte gebunden und müssen zu deren Verwirklichung beitragen (vgl. Art. 35 Abs. 2 BV). Dies betrifft auch Alters und Pflegeheime, die durch den Kanton und die Gemeinden selbst betrieben werden.

Zu berücksichtigen sind insbesondere die Rechtsgleichheit nach Art. 8 BV, die Achtung der Menschenwürde nach Art. 9 BV, das Recht auf Leben, psychische und physische Integrität sowie auf Bewegungsfreiheit, die sich aus Art. 10 BV ergeben.

Im gesamten Privatrecht und darüber hinaus sind die aktienrechtlichen Bestimmungen über das Risikomanagement von Bedeu-

---

4 Vgl. das Memorandum der Gemeinde Glarus zur Wahl der Rechtsform für eine künftige gemeinsame Trägerschaft von Spitex und Alters- und Pflegeheimen in Glarus. Es wurden darin die Stiftung, die gemeinnützige Aktiengesellschaft und die selbständige öffentlich-rechtliche Anstalt als prüfenswerte Organisationsformen bestimmt (vgl. https://www.glarus.ch/public/upload/assets/41495/2021_04_30_Memorandum%20Rechtsformwahl_cura_unita_final.pdf?fp=1, Zugriff am 23.12.2024).

tung. Diese sind für zahlreiche privatrechtlich organisierte Einrichtungen (z. B. auch als Stiftungen organisierte Pflegeheime) maßgebend, insbesondere da regelmäßig auf sie verwiesen wird (Peyer & Seiler, 2022; Anwander, 2022).

Im Folgenden sind die zentralen Regelungen des Privatrechts in Bezug auf das Risikomanagement dargestellt. Entscheidet sich ein Gemeinwesen zum Beispiel für die Organisationsform der öffentlich-rechtlichen Anstalt, sind diese privatrechtlichen Regelungen nicht relevant. Jedoch existieren generell und rechtformunabhängig spezifische Bestimmungen im kantonalen und eidgenössischen Recht, die für Pflegeheime maßgebend sind. Auf diese Regelungen geht der vorliegende Leitfaden ebenfalls ein.

Risikomanagement als Aufgabe des obersten Führungsorgans

Dem Verwaltungsrat einer Aktiengesellschaft[5] auferlegt Art. 716a Abs. 1 OR unübertragbare und unentziehbare Aufgaben (sogenanntes »Paritätsprinzip«). Diese gilt es unter Anwendung aller Sorgfalt zu erfüllen (vgl. zur Sorgfaltspflicht Art. 717 Abs. 1 OR). Nach bundesgerichtlicher Rechtsprechung ist das Gebot der Sorgfaltspflicht im Sinne von Art. 717 Abs. 1 OR mehr als nur eine einfache Pflicht. Denn es legt denjenigen Sorgfaltsmaßstab fest, der bei der Ausübung aller

---

5   Die AG ist relevant im Bereich von Pflegeheimen. Im »Memorandum zur Wahl einer Rechtsform für eine künftige gemeinsame Trägerschaft von Spitex und Alter- und Pflegeheimen in Glarus« sind folgende Beispiele aufgeführt: Thurvita AG (Spitex sowie Alters- und Pflegeheime); Gesundheit Arosa AG (medizinisches Zentrum, Alterszentrum, Spitex Arosa-Schanfigg und Ambulanzstützpunkt); Alterszentrum Breitlen AG, Hombrechtikon (Alters- und Pflegeheim, Alterssiedlung und Spitex); Spitex
Region Brugg AG; Sihlsana AG, Adliswil (Wohn- und Pflegezentrum); Gesundheitszentrum Unterengadin (Mischform). Zugriff am 30.08.2024 unter https://www.glarus.ch/public/upload/assets/41495/2021_04_30_Memorandum%20Rechtsformwahl_cura_unita_final.pdf?fp=1, wo folgende Beispiele Brugg AG; Sihlsana AG, Adliswil (Wohn- und Pflegezentrum); Gesundheitszentrum Unterengadin (Mischform) genutzt werden.

3.1 Gesetzliche Grundlagen in der Schweiz

anderen Pflichten zu beachten ist, die sich aus den zugeschriebenen Aufgaben ergeben (Urteil des Bundesgerichts 4 A_373/2015 vom 26. Januar 2016, E. 3.1.1).

Die Pflicht des Verwaltungsrats, eine Risikoauseinandersetzung vorzunehmen bzw. sich mit den Risiken des Unternehmens auseinanderzusetzen, ergibt sich nicht explizit aus dem Gesetzestext selbst. Die Lehre leitet diese Pflicht hauptsächlich aus Art. 716a Abs. 1 Ziff. 1 OR ab, namentlich aus der Aufgabe der Oberleitung der Gesellschaft (Peyer & Seiler, 2022). Doch auch unter Art. 716a Abs. 1 Ziff. 2 OR (Festlegung der Organisation) und Art. 716a Abs. 1 Ziff. 5 OR (Oberaufsicht über die Geschäftsführung) lassen sich Aspekte des Risikomanagements subsumieren. Da diese Pflichten Teil der unübertragbaren und unentziehbaren Aufgaben eines Verwaltungsrates (Art. 716a OR) sind, muss dieser zwingend mindestens die Grundsätze und Prozesse des Risikomanagements festlegen (Peyer & Seiler, 2022).

Ein sorgfältig tätiger Verwaltungsrat eines als Aktiengesellschaft organisierten Pflegeheims hat daher stets eine adäquate Risikobeurteilung vorzunehmen – grundsätzlich unabhängig von der Größe des Betriebs. Unterlässt es ein Verwaltungsrat, diese zentrale Aufgabe wahrzunehmen, stellen sich aufgrund unsorgfältigen Handelns Fragen der Verantwortlichkeit nach Art. 754 OR (Peyer & Seiler, 2022).

Spezifische Regelungen für größere Unternehmen

Obwohl die dargestellten Sachverhalte grundsätzlich für zahlreiche privatrechtliche Rechtsformen maßgebend sind, sieht das schweizerische Recht je nach Größe des Unternehmens spezifische Regelungen vor, insbesondere zur Risikoberichterstattung und zu Prüfungsaufgaben der Revisionsstellen.

Historisch gesehen ist die Gesetzesrevision vom 16. Dezember 2005 von Bedeutung (vgl. AS 2007 4791). Im Zuge dieser Revision führte der Gesetzgeber am 1. Januar 2008 Regelungen zum Lagebericht und zum Internen Kontrollsystem (IKS) ein: Gemäß Art. 663b Ziff. 12 aOR mussten Unternehmen im Anhang zur Jahresrechnung Angaben zur

Durchführung einer Risikobeurteilung darlegen. Diese Bestimmung wurde mit der Revision des Rechnungslegungsrechts per 1. Januar 2013 bereits wieder gelöscht (vgl. AS 2012 6679). Anstelle dessen verlangen Art. 961 Ziff. 3 OR in Verbindung mit Art. 961c Abs. 2 Ziff. 2 OR von Unternehmen, die einer ordentlichen Revision unterstehen, dass sie in einem Lagebericht Aufschluss über die Durchführung der Risikobeurteilung geben. Dies bedeutet nicht, dass die übrigen Gesellschaften (also insbesondere diejenigen, die der eingeschränkten Revision unterstehen oder gänzlich auf eine Revision verzichten) von der Risikobeurteilung ausgenommen sind. Sie trifft jedoch keine Berichterstattungspflicht.

Seit der am 1. Januar 2008 in Kraft getretenen Revision muss die Revisionsstelle im Rahmen der ordentlichen Revision zudem jeweils prüfen, ob ein internes Kontrollsystem (in der Folge »IKS«) existiert (vgl. Art. 728a Abs. 1 Ziff. 3 OR). Sie muss sich im Revisionsbericht in diesem Zusammenhang in recht umfassender Weise äußern (vgl. Art. 728b Abs. 1 OR).

Sowohl das Verfassen eines Lageberichts als auch die Kontrolle der Existenz eines IKS gehören zum Prüfungsprogramm der ordentlichen Revision, nicht aber der weniger weit gehenden eingeschränkten Revision. Das Aktienrecht definiert in Art. 727 ff. OR, welche Aktiengesellschaften unter welchen Voraussetzungen der ordentlichen oder der eingeschränkten Revision unterstehen. Grundsätzlich sind diese Regelungen auch für die weiteren privatrechtlichen Gesellschaftsformen maßgebend. Dies soll im Folgenden deutlich werden.

Risikomanagement im Rahmen der ordentlichen Revision

Einleitend ist darauf hinzuweisen, dass im schweizerischen Gesellschaftsrecht regelmäßig auf die Bestimmungen des Aktienrechts in Bezug auf Revision verwiesen wird. Insbesondere gilt dies für die Rechtsform »Gesellschaft mit beschränkter Haftung« (GmbH) gemäß Art. 818 Abs. 1 OR und für die Rechtsform »Genossenschaft« (Gen) gemäß Art. 906 Abs. 1 OR. Das Vereinsrecht sieht gemäß Art. 69b ZGB leicht moderatere Voraussetzungen als das Aktienrecht vor, vom

Prinzip her aber dieselben. Hingegen unterstehen Einzelfirmen und Personengesellschaften von Gesetzes wegen gar keiner Revision. Stiftungen müssen ebenfalls eine Revisionsstelle einrichten. Die Vorschriften des Obligationenrechts über die Revisionsstelle bei der Aktiengesellschaft sind entsprechend anwendbar (vgl. Art. 83b Abs. 1 und 3 ZGB). Zusätzlich unterstehen Stiftungen der Aufsicht des Gemeinwesens, dem sie angehören (Bund, Kanton oder Gemeinde) (vgl. Art. 84 Abs. 1 ZGB). Die Stiftungsaufsichtsbehörde sorgt dafür, dass das Stiftungsvermögen dem Zweck entsprechend verwendet wird (Art. 84 Abs. 2 ZGB.). Diese Aufsicht erstreckt sich auch auf die generellen Anordnungen der Stiftungsorgane, beispielsweise auf den Erlass von Reglementen und Statuten, sowie auf die Verwaltung im Allgemeinen (BGE 111 II 97, E. 3.).

Einer ordentlichen Revision unterstehen Publikumsgesellschaften (Art. 727 Abs. 1 Ziff. 1 OR), Gesellschaften, die in zwei aufeinander folgenden Geschäftsjahren wenigstens zwei Größen bezüglich Bilanzsumme (CHF 20 Mio.), Umsatzerlös (CHF 40 Mio.) und Vollzeitstellen (250 im Durchschnitt) überschreiten (Art. 727 Abs. 1 Ziff. 2 OR) sowie Gesellschaften, die zur Konzernrechnungslegung verpflichtet sind (Art. 727 Abs. 1 Ziff. 3 in Verbindung mit Art. 963 OR).

Aufgrund des sogenannten »Opting-Systems« können Unternehmen, die nicht von Gesetzes wegen einer ordentlichen Revision unterstehen, freiwillig für eine solche Unterstellung optieren (von der Crone, 2020).

Es genügt bereits, wenn Aktionäre mit einem Anteil von 10 % am Aktienkapital dies verlangen (Art. 727 Abs. 2 OR.). Weiter kann die Durchführung der ordentlichen Revision auch in den Statuten vorgesehen sein oder die Generalversammlung kann sie beschließen (Art. 727 Abs. 3 OR.). Die anderen Körperschaften sind in diesem Zusammenhang nur geringfügig abweichend geregelt (vgl. etwa für die Genossenschaften Art. 906 Abs. 2 OR).

Es sind somit grundsätzlich rechtsformunabhängige Bestimmungen, die darüber entscheiden, ob sich eine Gesellschaft bezüglich der Risikobeurteilung zu äußern hat und allenfalls eine Prüfung stattfinden muss. Untersteht eine Gesellschaft nicht der ordentlichen

Revisionspflicht, muss sich die Geschäftsführung dennoch mit den Risiken des Betriebs auseinandersetzen und ein sachgerechtes Risikomanagement gewährleisten.

Risikobeurteilung im Lagebericht

Mit der Überführung in den Lagebericht im obligationenrechtlichen Buchführungs- und Rechnungslegungsrecht schuf der Gesetzgeber eine rechtsformunabhängige Berichterstattungspflicht. Diese ist jedoch dahingehend eingeschränkt, dass nicht sämtliche im schweizerischen Gesellschaftsrecht vorgesehenen Rechtsformen einer Revisionspflicht unterstehen.

Der Lagebericht ist von der Generalversammlung (Art. 698 Abs. 2 Ziff. 3 OR/Art. 879 Abs. 2 Ziff. 3 OR), der Gesellschafterversammlung (Art. 804 Abs. 2 Ziff. 4 OR) oder der Vereinsversammlung (Art. 65 Abs. 1 ZGB) zu genehmigen.

Jedoch ist der Lagebericht nicht Teil der Jahresrechnung (vgl. Art. 961 OR). Daher ist er auch nicht Gegenstand der Prüfung bei der ordentlichen Revision (Art. 728 Abs. 1 OR). Dennoch hat die Revisionsstelle im umfassenden Revisionsbericht (»Management Letter«) auf allfällige Widersprüche zwischen der Jahresrechnung und dem Lagebericht hinzuweisen. Demnach ist eine Durchsicht notwendig (Peyer & Seiler, 2022).

Die Revisionsstelle hat dabei der Frage nachzugehen, ob das zuständige Leitungsorgan die erforderlichen Angaben im Anhang gemacht hat bzw. ob sie sich mit der Risikoanalyse angemessen auseinandergesetzt hat.

Inwieweit sich der Lagebericht zur Risikobeurteilung äußern muss, hängt von der Größe des Unternehmens und von der Komplexität der Geschäftstätigkeit ab (Peyer & Seiler, 2022). Jedenfalls ist im Lagebericht auf den Prozess der Risikobeurteilung einzugehen. Zudem ist es erforderlich, Angaben zu den Risiken selbst auszuführen. Grundsätzlich hat sich die Gesellschaft nur zu denjenigen Risiken zu äußern, die einen erheblichen Einfluss auf den Geschäftsgang bzw. auf die Beurteilung der Jahresrechnung haben (Peyer & Seiler, 2022; von der

Crone, 2020). Das können Risiken sein, die bereits in der Rechnungslegung abgebildet sind. Erforderlich ist eine umfassende, allgemeine Risikoberichterstattung. Dem stehen möglicherweise Geheimhaltungsinteressen entgegen (Peyer & Seiler, 2022). Es bedarf keiner Angaben über allenfalls getroffene Maßnahmen. Die Äußerung über die Risiken erfolgt nicht abstrakt, weshalb möglichst »sämtliche Angaben aufzuführen [sind], welche für das Verständnis des Einflusses auf die Entwicklung des Geschäftsganges des betreffenden Unternehmens zur Vermeidung von Fehlinterpretationen der Jahresrechnung notwendig sind« (Peyer & Seiler, 2022).

Selbstverständlich steht es den Unternehmen offen, weitere Angaben zu machen und über das gesetzliche Minimum hinauszugehen, indem sie beispielsweise auch die Organisation des Risikomanagements offenlegen (Peyer & Seiler, 2022).

Prüfung der Existenz eines internen Kontrollsystems

In einem ersten Schritt ist es angezeigt, den Begriff des »internen Kontrollsystems« (IKS) zu definieren. Es handelt sich »um Verfahren und Maßnahmen, welche dazu dienen, die ordnungsgemäße und effiziente Geschäftsführung, die Sicherung der Vermögenswerte, die Verhinderung bzw. Aufdeckung von Fehlern, die Korrektheit und Vollständigkeit der Aufzeichnungen des Rechnungswesens sowie die rechtzeitige Erstellung verlässlicher Finanzinformationen, soweit praktikabel, zu gewährleisten« (von der Crone, 2020, § 19 Rz. 1702).

Dem IKS inhärent ist die Risikobeurteilung, weshalb zwischen Risikomanagement und IKS eine enge Wechselwirkung besteht (Peyer & Seiler, 2022). Aufgrund dessen lassen sich die bisherigen Ausführungen zum Risikomanagement bzw. zur Risikobeurteilung in der Aktiengesellschaft in der Regel auf das IKS anwenden. Nur bei einer Gesellschaft, die der ordentlichen Revision unterliegt, ist es gesetzlich statuiert, die Existenz des IKS zu prüfen. Dies heißt jedoch nicht, dass nur für ordentlich revisionspflichtige Gesellschaften die Implementierung eines IKS erforderlich ist. Aufgrund der Verwaltungsratspflichten (und zusätzlich unter Beachtung von Art. 716a Abs. 1

Ziff. 3 i.V.m. Art. 957 ff. OR) haben die Mitglieder des Verwaltungsrats die Pflicht, ein ihrer Gesellschaft adäquates IKS einzurichten und zu betreiben (Peyer & Seiler, 2022).

Wie die Gesellschaft ihr IKS ausgestaltet, ist mangels gesetzlicher Regelungen mit einem erheblichem Ermessensspielraum verbunden (Peyer & Seiler, 2022). Jedes IKS passt sich dem jeweiligen Unternehmen an und umfasst alle Gesellschaftsbereiche. Das IKS sollte sich an der Risikostruktur eines Unternehmens orientieren (PricewaterhouseCoopers AG, 2007).

Die Aufgabe der prüfenden Revisionsstelle besteht jedoch nicht darin, die Funktionsfähigkeit des IKS zu beurteilen. Vielmehr soll sie die dokumentierte Existenz des IKS überprüfen (von der Crone, 2020). Darüber erstattet sie dem Verwaltungsrat umfassend Bericht. Die IKS-Prüfung steht dabei vorwiegend im Zusammenhang mit der finanziellen Berichterstattung (Art. 728b Abs. 1 OR.).

Generelle Regelungen zum Risikomanagement in Pflegeheimen

Neben den aufgezeigten privatrechtlichen Regelungen zum Risikomanagement finden sich sowohl auf Bundes- als auch auf Kantonsebene rechtliche Normen zu Alters- und Pflegeheimen, die unabhängig von der gewählten Rechtsform einzuhalten sind.

Zulassungsvoraussetzungen

Um eine Zulassung als Leistungserbringer im Bereich von stationären Aufenthalten zu erhalten, sieht Art. 39 Abs. 1 KVG gewisse Kriterien vor, die erfüllt sein müssen. So ist es erforderlich, dass eine ausreichende ärztliche Betreuung sichergestellt und das erforderliche Fachpersonal vorhanden ist. Sodann müssen die Anstalten der Planung für eine bedarfsgerechte Spitalversorgung entsprechen. Diese Planung erfolgt durch den jeweiligen Kanton oder durch mehrere Kantone. Zudem müssen die Institutionen in der Spitalliste des jeweiligen Kantons aufgeführt sein. Diese Vorgaben gelten gemäß Art. 39 Abs. 2 KVG auch für Anstalten, Einrichtungen oder Abteilungen, die der Pflege und medizinischen Betreuung sowie der Rehabilitation von Langzeitpatient*innen dienen.

Auf Kantonsebene statuieren die Gesundheits- oder Sozialhilfegesetze insbesondere für private Alters- und Pflegeheime ohne Leistungsauftrag des Gemeinwesens eine Bewilligungspflicht, die regelmäßig an qualitative Anforderungen geknüpft ist. Die Bewilligungspflicht entfällt grundsätzlich bei öffentlich-rechtlichen Anstalten sowie bei privaten Einrichtungen mit einem Leistungsauftrag des Gemeinwesens.[6]

Ein Gesuch um Erteilung einer Betriebsbewilligung muss in St. Gallen nach Art. 3 der Verordnung über private Alters- und Pflegeheime (nachfolgend »Heimverordnung SG«) Informationen zur internen Organisation und Aufsicht enthalten. Weiter ist es erforderlich, dem Gesuch einen Finanzplan für drei Jahre beizufügen. Auch ein Betriebskonzept gilt es beizulegen, dass die Einhaltung der qualitativen Mindestanforderungen sicherstellt. Darüber hinaus muss der Gesuchsteller die Maßnahmen zur Qualitätssicherung und -entwicklung erläutern.

Art. 2 der Heimverordnung SG sieht vor, dass das Amt für Soziales die Bewilligung erteilt, wenn die in Art. 30a des Sozialhilfegesetzes des Kantons St. Gallen (nachfolgend SHG SG) verfassten qualitativen Voraussetzungen erfüllt sind. Diese Voraussetzungen beziehen sich einerseits auf die Sicherstellung des Wohls der betreuten Personen durch ausreichendes und qualifiziertes Personal in einer bedarfsgerechten Einrichtung. Andererseits geht es auch um die wirtschaftliche Sicherung des Betriebs und um die Aufsicht. Grundlage dieser Überprüfung ist das eingereichte Betriebskonzept, das die organisatorischen und betreuerischen Rahmenbedingungen festlegt, um den Schutz und das Wohl der Bewohnenden zu gewährleisten (Grundlagen zur staatlichen Aufsicht, 2006).

Analoge Regelungen wie im Kanton St. Gallen finden sich auch im Kanton Bern (Verordnung über die sozialen Leistungsangebote) sowie im Kanton Zürich (Kantonales Gesundheitsgesetz).

---

6 Dies ist die Regelung des Kantons St.Gallen.

Pflicht zur Führung einer Finanzbuchhaltung

Gestützt auf das KVG hat der Bundesrat eine Verordnung über die Kostenermittlung und Leistungserfassung durch Spitäler, Geburtshäuser und Pflegeheime in der Krankenversicherung erlassen. Ziel der Verordnung ist es, die einheitliche Ermittlung der Kosten und die Erfassung der Leistungen im Spital- und Pflegeheimbereich zu regeln. Diese Verordnung gilt für alle Spitäler, Geburtshäuser und Pflegeheime, die gemäß Art. 39 KVG zugelassen sind (Art. 1 VKL).

Alters- und Pflegeheime sind demnach verpflichtet, eine Finanzbuchhaltung zu führen, ebenso eine Anlagebuchhaltung zur Ermittlung der Kosten für die Anlagenutzung. Zusätzlich dazu ist eine Kosten- und Leistungsrechnung zu führen (Art. 11 VKL). Die Kosten müssen nach dem Leistungsort und dem Leistungsbezug sachgerecht ausgewiesen werden. Es ist erforderlich, dass in der Kostenrechnung insbesondere die Elemente »Kostenarten«, »Kostenstellen«, »Kostenträger« und die »Leistungserfassung« enthalten sind. Zudem muss gewährleistet sein, dass sich aus der Kostenrechnung keine Rückschlüsse auf die behandelten Personen ziehen lassen. Die Kostenrechnung muss den sachgerechten Ausweis der Leistungen erlauben (Art. 9 VKL). Die Kosten und Leistungen gilt es so zu ermitteln, dass die Unterscheidung der Leistungen und der Kosten zwischen der stationären, der ambulanten und der Langzeitbehandlung ersichtlich ist. Ferner sind die Leistungen und Kosten der Krankenpflege für jede Pflegebedarfsstufe in Alters- und Pflegeheimen zu erfassen (Art. 2 Abs. 1 VKL). Dabei haben Alters- und Pflegeheime eine Leistungsstatistik zu führen, die den sachgerechten Ausweis der erbrachten Leistungen erlaubt (Art. 12 VKL). Darin gilt es, die Leistungsbezeichnung, die Patientenbewegung sowie Pflegetage, Aufenthaltsdauer und geleistete Taxpunkte zu erfassen.

Die Leistungsstatistik muss gemäß den Anforderungen von Anhang 58 der Verordnung über die Durchführung von statistischen Erhebungen des Bundes erstellt werden (Art. 14 VKL).

Diese Unterscheidung und Bestimmung der Kosten soll die Einführung von einheitlichen Kennzahlen erlauben und Betriebsvergleiche auf regionaler, kantonaler und überkantonaler Ebene ermöglichen. Darüber hinaus soll auch die Berechnung der Tarife und des Globalbudgets erfolgen, ebenso die Aufstellung der kantonalen Planungen und die Beurteilung der Wirtschaftlichkeit bzw. Billigkeit der Leistungserbringung. Ergänzend dazu dient die Bestimmung der Kosten und Leistungen auch zur Überprüfung der Kostenentwicklung und des Kostenniveaus (Art. 2 Abs. 2 VKL).

Das kantonale Recht von St. Gallen enthält Bestimmungen zur Finanzierung der Alters- und Pflegeheime, die gemäß Art. 39 KVG zugelassen sind. Darin enthalten sind ebenfalls Vorschriften zur Finanzbuchhaltung und zur Leistungserfassung der Alters- und Pflegeheime. Die Verordnung über die Pflegefinanzierung gilt für Leistungserbringer. Zu diesen zählen auch Alters- und Pflegeheime (gemäß Art. 2 Abs. 1 lit. a des Gesetzes über Pflegefinanzierung [PFG-SG]). Die Verordnung verpflichtet Alters- und Pflegeheime zur jährlichen Ausweisung der Pflegekosten aufgrund einer Kostenrechnung. Die Pflegeheime sind verpflichtet, dem Amt für Soziales in diesem Zusammenhang die relevanten Unterlagen einzureichen (Bilanz, Erfolgsrechnung, Anlagebuchhaltung, verrechnete Pflegetage je Pflegestufe, Umlageschlüssel, Umlagen in Franken, Kostenstellenrechnung, Kostenträgerrechnung, gültige Taxordnung des Rechnungszeitraums, Personalschlüssel, Anzahl Bewohner sowie Ein- und Austritte und einen Bericht der zuständigen Kontrollstelle) (Art. 10 Verordnung über die Pflegefinanzierung-SG).

Der Kanton Bern verpflichtet die Pflegeheime zur Verwendung des Swiss GAAP FER-Rechnungslegungsstandards, sofern in den Leistungsverträgen keine abweichenden Regelungen erfolgen. Die Verordnung über die sozialen Leistungsangebote des Regierungsrats verweist dabei auf die Bestimmungen der eidgenössischen Verordnung (VKL). Überdies bezieht sich die kantonale Verordnung auf die Handbücher von CURAVIVA Schweiz (Art. 68 SLV-BE).

Aufsicht und Meldepflichten

Alters- und Pflegeheime unterstehen der behördlichen Aufsicht, um die dauerhafte oder vorübergehende Unterstützung, das Wohl und den Schutz der Bewohnenden zu gewährleisten. Das Ziel einer solchen Aufsicht ist die Überprüfung der betrieblichen, finanziellen, personellen und betreuerischen Rahmenbedingungen (Grundlagen zur staatlichen Aufsicht, 2006). Im Kanton St. Gallen unterstehen Alters- und Pflegeheime der Aufsicht des Amtes für Soziales, im Kanton Zürich der gesundheitspolizeilichen Aufsicht des Bezirksrates sowie der Oberaufsicht der Gesundheitsdirektion. Im Kanton Bern unterstehen Alters- und Pflegeheime der zuständigen Aufsichtsstelle der kantonalen Gesundheits-, Sozial- und Integrationsdirektion (Art. 10 Abs. 1 Heimverordnung SG; Art. 37 Abs. 1 GesG ZH; Art. 100 SLG BE).

Die Aufsichtsbehörden sind legitimiert, risikobasiert Kontrollen bei den Heimen durchzuführen und Berichte einzuholen. Im Bedarfsfall können sie die Behebung von Mängeln verfügen. Im äußersten Fall ordnen sie die Schließung einer Einrichtung an, wenn das Wohl der betreuten Personen erheblich gefährdet erscheint (Art. 10 ff. Heimverordnung SG; vgl. Art. 100 ff. SLG BE).

Der Trägerschaft sind gewisse gesetzliche Meldepflichten auferlegt. So muss die Trägerschaft gemäß Art. 7 der Heimverordnung-SG dem Amt für Soziales unaufgefordert Meldung erstatten über Änderungen der Rechtsform, Trägerschaft und Leitung, der internen Aufsicht sowie über Änderungen im Betriebskonzept. Außerdem hat die Trägerschaft eine Meldepflicht in Bezug auf spezielle Vorkommnisse (Machtmissbrauch, Suizid, ansteckende Krankheiten, Änderungen des Personalbestands) (Grundlagen zur staatlichen Aufsicht, 2006). Analoge Regelungen gelten in anderen Kantonen (Art. 70 f. SLG BE).

Zusätzlich sind private Alters- und Pflegeheime in gewissen Kantonen verpflichtet, eine interne Aufsicht zu implementieren. Im Kanton St. Gallen muss die Trägerschaft einer privaten Einrichtung gemäß Art. 9 der Heimverordnung SG eine von der Leitung unabhängige interne Aufsicht definieren. Diese hat die Aufgabe, die Leitung in betreuerischen, strukturellen, betrieblichen, personellen und finanziellen Belangen zu kontrollieren. Zudem soll sie die Aktualität des Betriebskonzepts überprüfen. Sie ist verpflichtet, dem Amt für Soziales hierüber Rechenschaft abzulegen.

Qualitätsstandards

Die erwähnten Schlüsselrisiken sind nur teilweise konkret gesetzlich geregelt. Mit Art. 58 ff. KVG wurden Bestimmungen zur Qualitätssicherung in das eidgenössische Recht integriert. Der Bundesrat hört interessierte Organisationen an und legt jeweils für vier Jahre Ziele im Hinblick auf die Sicherung und Förderung der Qualität der Leistungen fest (Art. 58 KVG). Zur Erreichung der Ziele im Bereich der Qualitätsentwicklung setzt der Bundesrat die eidgenössische Qualitätskommission ein. Der Bundesrat ernennt die Mitglieder der Kommission. Er hat dafür zu sorgen, dass Kantone, Leistungserbringer, Versicherer, Versicherte, Patientenorganisationen und Fachleute angemessen vertreten sind (Art. 58b KVG).

Die vier Oberziele des aktuellen Vierjahresplanes sind ein hochstehendes Qualitätsniveau der Leistungen, die Verhinderung von vermeidbaren Patientenschäden, patientenkonzentrierte Behandlung und Pflege sowie die optimale Koordination und Integration der Leistungen(Ziele des Bundesrates zur Qualitätsentwicklung für die Jahre 2022–2024).

Die Leistungserbringer sind verpflichtet, alle Daten bekannt zu geben, welche die Bundesbehörden benötigen. Ebenso müssen sie die Anwendung der Qualitätsbestimmungen des KVG gewährleisten (Art der ausgeübten Tätigkeit, Einrichtung und Ausstattung, gewählte Rechtsform). Ferner besteht die Verpflichtung, medizinische Qualitätsindikatoren bekannt zu geben. Weitere relevante Informationen sind die Anzahl und Struktur der Beschäftigten, von Ausbildungsplätzen sowie Anzahl und Struktur der Patient*innen in anonymisierter Form. Die Art, der Umfang und die Kosten der erbrachten

Leistungen sowie der Aufwand, der Ertrag und das Betriebsergebnis sind ebenfalls meldepflichtig (Art. 59a KVG).

Art. 58a KVG ermöglicht den Verbänden der Leistungserbringer und der Versicherer, gesamtschweizerische Verträge über die Qualitätsentwicklung abzuschließen. Diese Verträge haben verschiedene Vorgaben zum Gegenstand (Qualitätsmessung, Maßnahmen zur Qualitätsentwicklung oder Sanktionen bei Verletzung des Vertrags). Die Leistungserbringer sind verpflichtet, sich an die vertraglichen Regelungen zu halten. Die Qualitätsverträge bedürfen der Genehmigung des Bundesrats (Art. 58a KVG).

In Bezug auf das Pflegepersonal bestehen gesetzliche Anforderungen an die berufliche Qualifikation (in gewissen Kantonen auch verbunden mit einer Berufsausübungsbewilligungspflicht). Der Kanton St. Gallen quantifiziert außerdem den Personalbedarf gemessen an der Anzahl der zu betreuenden Personen sowie an deren Betreuungsbedarf (Art. 11 PQV SG). In Bezug auf die Gesundheit des Pflegepersonals sind für privatrechtliche Arbeitsverhältnisse insbesondere die Schutzbestimmungen des Arbeitsgesetzes zu beachten. Für öffentlich-rechtliche Arbeitsverhältnisse gelten die Personalgesetze der Kantone und Gemeinwesen.

Bezüglich der Bewohnersicherheit sind in den Kantonen Normen auf verschiedenen Ebenen maßgebend. Insbesondere ist die Pflicht zur exakten Dokumentation der Pflege für jede betreute Person gesetzlich verankert, um Fehler zu erkennen und die Betreuung anzupassen. Zu berücksichtigen ist auch das Bundesgesetz über das elektronische Patientendossier. Das Ziel des Dossiers besteht darin, die Qualität der medizinischen Behandlung zu stärken, die Behandlungsprozesse zu verbessern, die Patientensicherheit zu erhöhen, die Effizienz des Gesundheitssystems zu steigern und die Gesundheitskompetenz der Patient*innen zu fördern. Nach Vergabe der Zugriffsrechte soll ein rascher und unkomplizierter Zugriff auf die erfassten medizinischen Daten möglich sein.

Die Anforderungen an den Betreuungsstandard sind auf Gesetzes- und Verordnungsstufe in rudimentärer Weise geregelt. Relevant ist insbesondere

- eine Betreuung, die das psychische und physische Wohlergehen der Bewohnenden zu jeder Zeit sichert,
- eine Infrastruktur, die sich für die Erbringung dieser Leistungen eignet sowie
- eine Leitungsperson und Fachpersonen, die für eine bedarfsgerechte Leistung qualifiziert sind.

Eine besondere Rolle bezüglich des Qualitätsmanagements nimmt die Leitung der jeweiligen Einrichtung ein. Sie verantwortet die Einhaltung der Betriebskonzepte. Zudem muss sie die betrieblichen Prozesse und Leistungen evaluieren, um deren Qualität zu gewährleisten.

Die Erfassung von detaillierten Qualitätsstandards ist nicht in allen Kantonen gegeben. So macht beispielsweise der Kanton Zürich seinen Leistungserbringern im Rahmen der Bewilligung und Aufsicht indirekt Vorgaben zum Qualitätsstandard (ARTISET Zürich).

Art. 35 Abs. 2 lit. c SHG SG enthält diesbezüglich einen ausdrücklichen Auftrag an die Fachkommission für Altersfragen zur Erarbeitung einer Richtlinie, welche die Qualitätsanforderungen nach Art. 30a SHG SGH konkretisieren soll. Die Fachkommission für Altersfragen ist diesem Auftrag mit der Richtlinie zu den Qualitätsanforderungen an Pflege und Betreuung in stationären Einrichtungen für betagte Personen nachgekommen. Die Richtlinie enthält die geforderten Qualitätsstandards in den Bereichen Führung und Organisation, Personal, Pflege und Betreuung, Verpflegung und Hauswirtschaft, Sicherheit und Hygiene sowie Bauten und Ausstattung. Bezüglich jedes Standards werden Indikatoren zur Messung des Qualitätsstandards erfasst.

Die Richtlinie sieht als Qualitätsstandard vor, dass der Einsatz von bewegungseinschränkenden Maßnahmen geregelt sein muss. Als Indikatoren gelten die Dokumentation der Maßnahmen, die zeitliche Befristung der Maßnahmen und die periodische Überprüfung der Maßnahmen. Die Anordnung muss zudem verhältnismäßig sein, d. h. mildere Maßnahmen wurden bereits geprüft und dokumentiert. Beim Anordnen der Maßnahme muss eine Abwägung stattfinden zwischen dem Recht auf Bewegungsfreiheit und den Gefahren der Selbst- bzw. Fremdgefährdung.

Letztlich muss die Anwendung einer bewegungseinschränkenden Maßnahme begründbar sein. Zuletzt sieht die Richtlinie als Indikator vor, dass die verfahrensrechtlichen Voraussetzungen für die Anordnung einer bewegungseinschränkenden Maßnahme nach Schweizerischem Zivilgesetzbuch (ZGB) erfüllt sein muss.

Im Rahmen des Risikomanagements in Alters- und Pflegeheimen sind Hygienemängel ein wichtiges Thema und stellten insbesondere während der COVID-19-Pandemie eine Herausforderung dar. Der Qualitätsstandard sieht vor, dass die Hygienemaßnahmen geregelt sind. »Indikator 1« verlangt, dass alle Bereiche, insbesondere Pflege, Küche und Hauswirtschaft, durch Hygienemaßnahmen abgedeckt sind. Die persönliche Hygiene der Mitarbeitenden, die Lebensmittelhygiene, ebenso die Hygiene im Umgang mit Materialien sowie mit Sauber- und Schmutzwäsche. Schutz- und Präventionsmaßnahmen für das Personal müssen ebenfalls ausgearbeitet sein. »Indikator 2« bezieht sich auf die Kontrolle der Hygienemaßnahmen. »Indikator 3« besagt, dass die Einrichtung eine Person definieren muss, die für Hygienemaßnahmen verantwortlich ist.

Solche Richtlinien bilden die Basis für ein einheitliches Betreuungskonzept der Einrichtungen – unabhängig von der gewählten Rechtsform. Die Richtlinien ermöglichen eine qualitative Analyse der Leistungserbringung. Dies kann auch das Risikomanagement positiv beeinflussen. Auf nationaler Ebene fehlen jedoch momentan noch einheitliche Indikatoren zur Messung der Heimpflege (Vincent & Staines, 2019).

3.2 Gesetzliche Grundlagen in Deutschland

Alexander Klein

Auch im deutschen Recht gilt es zu unterscheiden, ob die Pflicht besteht, ein Risikomanagementsystem einzuführen. Falls dies zutrifft, bestehen Regelungen, wie darüber zu berichten ist und inwiefern die Berichterstattung überprüft wird.

Pflichten bezüglich des Risikomanagements

Das deutsche Recht kennt konkrete Bestimmungen, die sich zur Risikobeurteilung äußern. Der Gesetzgeber erließ das »Gesetz zur Kontrolle und Transparenz« (KonTraG) sowie das »Gesetz zur Stärkung der Finanzmarktintegrität« (FISG) (Koch, 2022, § 91 Rn. 15 AktG).

Im Vordergrund steht für Aktiengesellschaften § 91 II AktG. Es besagt, dass der Vorstand geeignete Maßnahmen zu treffen hat, um Entwicklungen frühzeitig zu erkennen, die den Fortbestand der Gesellschaft gefährden. Dabei geht es insbesondere um die Einrichtung eines Überwachungssystems. Während die erwähnte Bestimmung für sämtliche Aktiengesellschaften maßgebend ist (Koch, 2022, § 91 AtkG Rn. 5), lautet § 91 III AktG dahingehend, als dass für börsennotierte Gesellschaften im Hinblick auf den Umfang der Geschäftstätigkeit und die Risikolage des Unternehmens ein angemessenes und wirksames internes Kontrollsystem und Risikomanagementsystem einzurichten ist. Insgesamt stellt diese Bestimmung eine Konkretisierung von § 71 I AktG dar. Dieser Paragraf postuliert, dass der Vorstand befugt ist, die Gesellschaft in eigener Verantwortung zu leiten. Daher ist es erforderlich, dass der Aufsichtsrat seine Aufsichtstätigkeit gemäß § 111 I AktG ausübt (vgl. insb. § 107 III & 171 I AktG).

Der für sämtliche Aktiengesellschaften geltende § 91 II AktG ist zweistufig zu interpretieren (Koch, 2022, § 91 Rn.). Hierbei stellt sich die Frage, ob aus dieser Bestimmung eine Pflicht zur Implementierung eines Risikomanagementsystems abzuleiten ist. Davon unberührt aber bleibt die Anforderung, dass ein angemessenes Risikomanagement und eine interne Revision im Unternehmen stets bestehen müssen – unabhängig von der Größe der Aktiengesellschaft (Schneck, o.J.).

Auf der ersten Stufe besteht die Pflicht, geeignete Maßnahmen zur Früherkennung Bestandes gefährdender Entwicklungen zu treffen. Aus dieser Pflicht lässt sich nicht direkt ableiten, dass ein Risikomanagementsystem umzusetzen ist. Bis zur Einführung von § 91 III AktG war es umstritten, ob sich diese Pflicht allenfalls bereits umfassend aus der zweiten Stufe ableiten lässt. Stufe zwei bezieht sich auf das Überwachungssystem. § 91 III AktG besagt, dass ein Risikomanagementsystem ausschließlich für kotierte Unternehmen zwingend verlangt ist. Auf dieser Grundlage ist davon auszugehen, dass sich eine entsprechend konkrete Pflicht nicht bereits aus § 91 II ergeben kann. Dennoch besteht womöglich auch für nichtkotierte Aktiengesellschaften grundsätzlich die Pflicht, ein solches System zu implementieren – mit der Begründung, dass allein schon die allgemeine Organisationspflicht in § 93 I AktG dies verlangt. Unabhängig davon ist ein Früherkennungssystem zu etablieren, das sowohl einen Teil eines Risikomanagementsystems als auch einen Teil des internen Kontrollsystems darstellt (Grottel, 2022, § 317 HGB Rn. 113).

Diese Aspekte sind nicht nur für die Aktiengesellschaft von Relevanz. Sie lassen sich auch auf die Gesellschaft mit beschränkter Haftung übertragen. Da Geschäftsführer einer GmbH ebenfalls mit nötiger Sorgfalt zu agieren haben (vgl. § 43 I/II GmbHG), besteht auch hier die Pflicht, eine adäquate Risikobeurteilung vorzunehmen oder ein IKS zu implementieren – unabhängig von der Größe der Gesellschaft (Schneck, o.D.).

Auch für Personengesellschaften ist die Rechtslage vergleichbar. Daraus ergibt sich, dass auch Personengesellschaften zur Berichterstattung über Risiken verpflichtet sind. Bisweilen leitet sich die Risikobeurteilung aus den allgemeinen Pflichten des HGB ab.

Auch das deutsche Aktienrecht sieht eine »Ausstrahlwirkung« auf andere Gesellschaftsformen vor, wobei ein Risikobeurteilungssystem schon immer Teil einer ordnungsgemäßen Geschäftsführung war (Grottel, 2022, § 317 HGB Rn. 110 f.).

Berichterstattung

In § 264 I HGB ist festgehalten, dass mittelgroße und große Kapitalgesellschaften sowie in § 264a I HBG mittelgroße und große Personengesellschaften (unter Vorbehalt möglicher Befreiungen) einen Lagebericht zu verfassen haben. Dieselben Ausführungen sind ebenfalls auch in § 315 I 4 HGB zu finden, der sich zum Konzernlagebericht äußert. Die beiden gesetzlichen Bestimmungen finden eine maßgebliche Präzisierung in den Deutschen Rechnungslegungsstandards (DRS), herausgegeben vom Deutschen Rechnungslegungs Standards Committee e.V.

Gemäß § 264 I 4 HGB (auch im Konzernrecht zu finden [§ 315 I 4 HGB]), ist im Lagebericht die voraussichtliche Entwicklung mit ihren wesentlichen Chancen und Risiken zu beurteilen und zu erläutern. Die zugrundeliegenden Annahmen sind anzugeben. Demzufolge ist sowohl ein Prognosebericht als auch ein Chancen- und Risikobericht zu verfassen. In Letzterem sind die wesentlichen Chancen und Risiken einzeln darzulegen – mitsamt den erwarteten Konsequenzen, die sich aus dem Eintritt eines Risikos ergeben (Grottel, 2022, § 315 HGB Rn. 243).

In Absatz II von § 289 HGB/§ 315 HGB finden sich Einzelangaben, die zwingend im Lagebericht vorzunehmen sind. Bezüglich der Finanzinstrumente ist nicht nur eine Äußerung zu Finanzanlagen etc. erforderlich, sondern auch zu Forderungen und Verbindlichkeiten aus Lieferungen und Leistungen (Grottel, 2022, § 315 Rn. 320).

Schließlich verlangt Absatz IV, dass bei einer Kapitalmarktorientierung nach § 264d HGB die Gesellschaft die wesentlichen Merkmale ihres internen Kontroll- und des Risikomanagementsystems im Hinblick auf den Rechnungslegungsprozess beschreiben muss. Diese Vorschrift stellt nicht die Pflicht auf, ein solches System einzuführen.

Sie macht auch keine Angaben, wie dieses System auszugestalten ist. Die Vorschrift besagt nur, dass darüber zu berichten ist. Eine börsennotierte AG/GmbH kann kaum auf ein solches System verzichten (Grottel, 2022, § 289 HGB Rn. 121).

Prüfung

Abschließend stellt sich die Frage nach der Prüfung des Lageberichts. Bei Kapitalgesellschaften besteht eine entsprechende Pflicht, sofern sie nicht unter § 267 HGB fallen. Über das Ergebnis hat der Abschlussprüfer Bericht zu erstatten (§ 321 I HGB). Das Gesetz selbst gibt bereits vor (vgl. § 317 II 2 HGB), dass der Prüfer auf die dargestellten Risiken und Chancen der zukünftigen Entwicklung zu achten hat. Bei börsenkotierten Aktiengesellschaften muss der Prüfer außerdem beurteilen (vgl. IV),

- ob der Vorstand die ihm obliegenden Maßnahmen (nach § 91 II des Aktiengesetzes) in einer geeigneten Form getroffen hat und
- ob das danach einzurichtende Überwachungssystem seine Aufgaben erfüllen kann.

Dabei geht es lediglich um das Risikofrühwarnsystem – nicht um das gesamte Risikomanagement und um das interne Kontrollsystem an sich.

Spezialgesetzliche Regelungen

Gemäß § 112 SGB XI sind die zugelassenen Pflegeeinrichtungen verpflichtet,

- Maßnahmen der Qualitätssicherung zu gewährleisten,
- ein Qualitätsmanagement nach Maßgabe der Vereinbarungen gemäß § 113 durchzuführen,
- Expertenstandards nach § 113a anzuwenden sowie
- bei Qualitätsprüfungen nach § 114 mitzuwirken.

3.2 Gesetzliche Grundlagen in Deutschland

Bei der stationären Pflege erstreckt sich die Qualitätssicherung neben den allgemeinen Pflegeleistungen auch auf die medizinische Behandlungspflege, die Betreuung, die Leistungen bei Unterkunft und Verpflegung sowie auf Zusatzleistungen.

2002 trat das Gesetz zur Qualitätssicherung und zur Stärkung des Verbraucherschutzes in der Pflege (PQsG) in Kraft. Auf dieser Basis erfolgen seitdem in allen stationären und ambulanten Pflegeeinrichtungen (Pflegedienste und -heimen) jährliche Qualitätsprüfungen. Die Medizinischen Dienste veröffentlichen die Ergebnisse.

Die Qualitätsprüfungen der Medizinischen Dienste sind sowohl für stationäre Pflegeeinrichtungen als auch für ambulante Pflegedienste gesetzlich verpflichtend. Alle Pflegeeinrichtungen und Pflegedienste, mit deren Trägern ein Versorgungsvertrag nach § 71 SGB XI besteht, müssen sich einmal im Jahr einer Qualitätsprüfung unterziehen. Diese Qualitätsprüfungen basieren im Bereich der stationären Pflege auf §§ 113, 114 SGB XI und bei ambulanten Pflegediensten auf §§ 112 Abs. 2, 3, 113 SGB XI. Sie orientieren sich an den »Richtlinien der Spitzenverbände der Pflegekassen über die Prüfung der in Pflegeeinrichtungen erbrachten Leistungen und deren Qualität« (Qualitätsprüfungs-Richtlinie; QPR) vom Dezember 2018 (stationäre Pflege) und Dezember 2019 (ambulante Pflege).

Die jährlich stattfindenden Prüfungen durch den Medizinischen Dienst werden gemäß den Qualitätsprüfungsrichtlinien ergänzt

- durch anlassbezogene Prüfungen (z.B. aufgrund einer Beschwerde) und
- durch Wiederholungsprüfungen – mit dem Ziel der Evaluation, ob festgestellte Mängel behoben wurden.

Schlechte Prüfungsergebnisse können in der Folge zu einer Standort- oder Unternehmensschließung führen.

Finanzielle Sanktionen bis hin zu Ordnungswidrigkeitenverfahren mit hohen Bußgeldern können die Folge sein.

3.3 Gesetzliche Grundlagen in Österreich

Jürgen Bachmann

Die rechtlichen Bestimmungen bezüglich des Risikomanagements für Unternehmen sind vorwiegend im Unternehmensgesetzbuch (UGB), im Aktiengesetz (AktG) und im GmbH-Gesetz (GmbHG) geregelt (Bundeskanzleramt Österreich, 2024c). Spezifische Regelungen für Stiftungen und Vereine sind in deren gesetzlichen Vorgaben (Privatstiftungsgesetz, Vereinsgesetz) nicht geregelt. Hier ist jedoch davon auszugehen, dass die zuvor genannten Regelungen auch auf diese beiden Organisationsformen anzuwenden sind.

Zusätzlich stellt der Österreichische Arbeitskreis für Corporate Governance den börsennotierten Unternehmen ein freiwilliges Regelwerk für die Unternehmensführung und die Unternehmenskontrolle zur Verfügung: den Österreichischen Corporate Governance Kodex (ÖCGK). Dieser umfasst neben den rechtlichen Grundlagen auch einzuhaltende Regelungen und Empfehlungen. Abweichungen von den Regelungen müssen erklärt und begründet werden.

Pflichten bezüglich des Risikomanagements

Das österreichische Aktiengesetz enthält die Bestimmung (§ 82), dass der Vorstand für die Führung eines internen Kontrollsystems zu sorgen hat. Dieses Kontrollsystem muss den Anforderungen des Unternehmens entsprechen. Der Vorstand hat dabei die Sorgfalt eines ordentlichen und gewissenhaften Geschäftsleiters anzuwenden (§ 84 Abs. 1 AktG). Identische Bestimmungen finden sich auch in § 22 Abs. 1 bzw. § 25 Abs. 1 GmbHG (Bundeskanzleramt Österreich, 2024a).

Der Vorstand hat dem Aufsichtsrat laut GmbHG (§ 28a Abs. 1) und AktG (§ 81 Abs. 1) die künftige Entwicklung in einer Vorschaurech-

nung zu berichten. Hierbei müssen auch Risikobeurteilungen erfolgen.
Außerdem besteht bei einer GmbH (§ 30 g Abs. 4a Z4 GmbHG) und einer Aktiengesellschaft (§ 92 Abs. 4a Z4 AktG) die Pflicht zur Bildung eines Prüfungsausschusses im Aufsichtsrat. Dies gilt für eine entsprechend »große« Gesellschaft, in der das IKS und das Risikomanagementsystem zu überwachen sind. Diese Bestimmungen schließen ein Risikomanagement ein. Somit ist es erforderlich, Risiken (und Chancen) sorgfältig und frühzeitig zu ermitteln.

Berichterstattung

Für Kapitalgesellschaften besteht außerdem die Pflicht, einen Lagebericht zu erstellen (§ 243 Abs. 1 UGB) (Bundeskanzleramt Österreich, 2024d). Zunächst sind kleine Gesellschaften mit beschränkter Haftung von der Verfassung befreit (§ 243 Abs.4 UGB i.V.m. § 221 Abs. 1 UGB; zwei von drei Kriterien sind zu erfüllen).Gemäß § 243b UGB besteht für große Kapitalgesellschaften, die im öffentlichen Interesse sind und im Jahresdurchschnitt mehr als 500 Arbeitnehmende beschäftigen, eine zusätzliche Verpflichtung. Sie müssen eine nichtfinanzielle Erklärung in den Lagebericht aufnehmen. Dieser enthält

- eine kurze Beschreibung des Geschäftsmodells der Gesellschaft,
- eine Beschreibung der von der Gesellschaft verfolgten Konzepte (mindestens zu den Bereichen Umwelt-, Sozial- und Arbeitnehmenden Belange, Achtung der Menschenrechte, Bekämpfung von Korruption und Bestechung) mit Darstellung der Ergebnisse.

Außerdem sind die wesentlichen Risiken und deren Handhabung auszuweisen, soweit sie aus der eigenen Geschäftätigkeit der Gesellschaft entstehen, sie relevant und verhältnismäßig sind und außerdem durch Geschäftsbeziehungen, Erzeugnisse und/oder Dienstleistungen entstehen.

Kapitalgesellschaften haben über die wesentlichen Risiken und Ungewissheiten zu berichten, denen das Unternehmen ausgesetzt ist

(§ 243 Abs. 1 UGB), wobei ein unternehmensadäquater Ansatz zu wählen ist (§ 243 Abs. 2 UGB). Bei börsennotieren Gesellschaften (siehe § 189 Abs. 1 a UBG i.V.m. § 243a Abs. 2 UBG) besteht eine Pflicht zur Berichterstattung über die wichtigsten Merkmale des IKS und des Risikomanagementsystems im Hinblick auf den Rechnungslegungsprozess.

Auch im Konzernlagebericht sind die wesentlichen Risiken und Ungewissheiten zu beschreiben, denen ein Konzern ausgesetzt ist (§ 267 Abs. 1 UGB). Diese Berichte sollen auch die Risikomanagementziele und -methoden beinhalten (§ 267 Abs. 3 Z5 UGB). Zudem sollen sie sich auf das interne Kontroll- und Risikomanagementsystem des Konzerns beziehen (§ 267 Abs. 3b UBG). Laut ÖCGK sind im Konzernlagebericht die wesentlichen eingesetzten Risikomanagementinstrumente in Bezug auf die nichtfinanziellen Risiken zu beschreiben (C79) (Österreichischer Arbeitskreis für Corporate Governance ‚2023).

Prüfung

Den Lagebericht gilt es abschließend zu prüfen (§ 268 UGB) und zu beurteilen (§ 273 UGB). Die Überwachung der Wirksamkeit eines internen Kontrollsystems und des Risikomanagementsystems der AG ist Aufgabe des Prüfungsausschusses (§ 92 Abs. 4a AktG).

Spezialgesetzliche Regelungen

Im Gesundheitsqualitätsgesetz (GQG) (Bundeskanzleramt Österreich, 2024b) wird die Qualitätsarbeit und deren flächendeckende Implementierung geregelt. Laut der dortigen Begriffsbestimmung umfasst Patientensicherheit »Maßnahmen zur Vermeidung unerwünschter Ereignisse, die zum Schaden der Patientin/des Patienten führen können.« (§ 2 Abs. 2 GQG). Als Dimensionen der Qualitätsarbeit sind die Struktur-, Prozess- und Ergebnisqualität angeführt. Jede dieser Qualitäten ist mit Kriterien versehen und teilweise meldepflichtig (§ 5 GQG). Die entsprechende Berichterstattung erfolgt durch ein bundeseinheitliches, bundesländer-, berufs- und sektorenübergreifendes System. Die Kontrolle ist durch die Bundesministerin/den Bundesminister für Gesundheit sicherzustellen. Das Bundesinstitut für Qualität im Gesundheitswesen erstellt die Qualitätsberichte.

Im Rahmen des Bundes-Zielsteuerungsvertrags wurden zudem die Mindestanforderungen an Qualitätsmanagementsysteme im Gesundheitsbereich festgelegt. Hier sind die Anforderungen an das Risikomanagement folgendermaßen definiert (Bundes-Zielsteuerungskommision (i. A. v.), 2014):

- Regelung eines risikominimierenden Prozesses für riskante Tätigkeitsbereiche (z.B. Medikationssicherheit, Hygiene, Blut/Gewebe etc.)
- Fehlermanagement (inklusive Krisenmanagement)

In Österreich sind die Bundesländer für die rechtlichen Rahmenbedingungen der Langzeitpflegeeinrichtungen zuständig. Jedes Bundesland erlässt hierfür eigene Gesetze. Im Vorarlberger Pflegeheimgesetz ist keine Regelung zum Risikomanagement enthalten. Es wird lediglich die Erbringung »angemessener Pflege« gefordert, d.h., die Pflege soll auf die Bedürfnisse der betroffenen Person abgestimmt sein (Vorarlberger Pflegeheimgesetz § 6 Abs. 1).

3.4 Normen im Risikomanagement

Es gibt nationale und internationale Normen für das Risikomanagement. Die ISO-Norm 31000 ist ein internationaler Standard, der allgemeine Grundsätze und den Risikomanagementprozess beschreibt. Sie betont die Bedeutung von Kennzahlen als Frühwarnindikatoren.

> Die österreichische ONR 49000 ist ebenfalls relevant. Sie fördert ein gemeinsames Verständnis und die Integration von Risikomanagement in Managementsysteme. Diese Norm wurde in die ISO 31000 integriert und deckt zusätzlich Krisen- und Kontinuitätsmanagement ab. Sie stellt auch Anforderungen an die Ausbildung und Zertifizierung von Risikomanagern.
> Beide Normen sind wichtige Leitfäden für Unternehmen, die ihr Risikomanagement verbessern möchten.

Neben den gesetzlichen Bestimmungen in den einzelnen Ländern gibt es nationale und internationale Normen bzw. Standards. Die Normen der International Standardisation Organisation (ISO) sind international gültig. Oftmals werden nationale Normen aus ISO-Normen abgeleitet, beispielsweise die deutschen DIN-Normen. Im Folgenden sind exemplarisch die ISO-Norm 31000 und die österreichische ON 49000 dargestellt. Erwähnung findet auch das COSO-Modell. Hierbei handelt es sich nicht um eine Norm, sondern um ein weltweit anerkanntes Standard-Rahmengerüst zum Aufbau eines Risikomanagements.

ISO 31000

Die ISO-Norm 31000 definiert einen internationalen Standard für die Umsetzung des Risikomanagements in Unternehmen. Die Norm beinhaltet Begriffsdefinitionen, legt Prinzipien und Grundsätze des Risikomanagements fest, zeigt den Inhalt eines Risikomanagementkonzepts auf und definiert den Risikomanagementprozess. Es handelt sich um eine generische Norm. Es werden keine Aussagen zu branchenspezifischen Gegebenheiten getroffen. Zudem schreibt die Norm nicht vor, wie tief ein Unternehmen die Analyse durchführen soll. Das Vorgehen bei der Umsetzung von Risikomanagementprozessen orientiert sich an »Best Practice«-Modellen (Cajos & Schneiter, 2009).

Die Norm betont die Wichtigkeit, Kennzahlen zu definieren und regelmäßig zu erheben. Kennzahlen sind Frühwarnindikatoren und können Entwicklungen aufzeigen. Dadurch sind sie sehr wertvoll. Doch die Norm weist auch darauf hin, dass nur wenige Unternehmen über Kennzahlen verfügen (Cajos & Schneiter, 2009).

ONR 49000

Das österreichische Normungsinstitut leitet seit 2004 die Erarbeitung der Norm ONR 49000 zur Thematik »Risikomanagement für Organisationen und Systeme« ein. Diese Norm zielt darauf ab, »ein gemeinsames Verständnis für die Anwendung und Umsetzung des Risikomanagements« zu definieren und die Einbettung in ein Managementsystem zu ermöglichen. Dabei bildete das österreichische Normungsinstitut mit der Swiss Association for Quality (SAQ) eine gemeinsame Risikomanagement-Fachgruppe (ÖNORM D 4901, 2021).

ON-Regel 49003	
Anforderungen an die Qualifikation des Risikomanagers	

ON-Regel 49002-1	ON-Regel 49002-2
Leitfaden für ein Risikomanagement	Leitfaden für die Einbettung des Risikomanagements in das Managementsystem

ON-Regel 49001
Elemente eines Risikomanagement-Systems

ONR 49000
Begriffe und Grundlagen

Abb. 3.1: Aufbau des ON-Regelwerks »Risikomanagement« (modifiziert nach ÖNORM D 4901, 2021, S. 5)

3 Gesetzliche Grundlagen und Normen

Die im Jahr 2004 erarbeitete und 2010 veröffentlichte ONR 49000 ist in den internationalen Standard ISO 31000 integriert. Sie soll die Anpassungen mit der ISO-Norm sicherstellen und die Anwendung in der Praxis gewährleisten. Diese Norm bietet eine Grundlage für interne Audits und externe Zertifizierungen. Die ONR-Norm enthält im Vergleich zur ISO-Norm einerseits das Krisen- und Kontinuitätsmanagement (ONR 49001), um das Risikomanagement vollumfänglich abzudecken. Andererseits definiert die Norm Anforderungen an die Ausbildung zur Risikomanagerin/zum Risikomanager. Sie beschreibt auch die Zertifizierung der Risikomanager*innen (ONR 49003) (Austrian Standards Institute, 2010).

Das COSO-Modell (Committee of Sponsoring Organizations of the Treadway Commission) ist ein international anerkanntes Rahmenwerk zur Gestaltung und Bewertung von internen Kontrollsystemen. Es dient der Verbesserung der Unternehmenssteuerung, des Risikomanagements und der Compliance.

COSO wurde 1992 erstmals veröffentlicht und hat sich seitdem weiterentwickelt. Es bietet ein strukturiertes Framework, das Unternehmen hilft:

- *Kontrollen zu gestalten*, die Finanzberichte zuverlässig machen,
- *Compliance mit Gesetzen und Vorschriften sicherzustellen* und
- *operative Effizienz und Effektivität* zu fördern.

Das COSO-Modell 2013 ist die aktuell meistgenutzte Version und wird in Form eines Würfels dargestellt, der die Interaktion von Zielen, Kontrollkomponenten und organisatorischen Ebenen verdeutlicht.

Es besteht aus fünf Kontrollkomponenten, die miteinander verknüpft sind:

1. Control Environment (Kontrollumfeld): Die Grundlage, in der Unternehmenskultur, Integrität, Werte und Verantwortlichkeiten festgelegt werden.

2. Risk Assessment (Risikobeurteilung): Identifikation und Analyse von Risiken, die die Zielerreichung gefährden könnten.
3. Control Activities (Kontrollaktivitäten): Konkrete Maßnahmen, wie Richtlinien, Verfahren und Kontrollen, um Risiken zu steuern.
4. Information and Communication (Information und Kommunikation): Effektiver Informationsfluss innerhalb der Organisation, um Kontrollen zu unterstützen.
5. Monitoring (Überwachung): Laufende und separate Bewertungen zur Sicherstellung der Effektivität des Kontrollsystems.

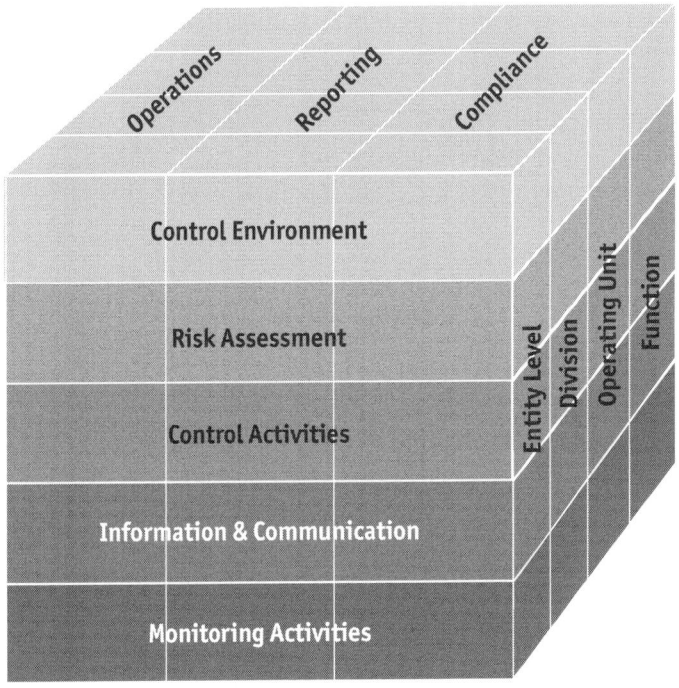

Abb. 3.2: COSO-Modell 2013 (www.coso.org)

Der COSO-Würfel ergänzt diese Komponenten mit drei Zieldimensionen:

- Operative Ziele: Effektivität und Effizienz betrieblicher Abläufe.
- Berichterstattungsziele: Zuverlässigkeit der finanziellen und nichtfinanziellen Berichterstattung.
- Compliance-Ziele: Einhaltung gesetzlicher Vorgaben.

Das 2017 eingeführte ERM-Framework (Enterprise Risk Management) erweitert das ursprüngliche Modell und integriert Strategie und Performance stärker. Es besteht aus insgesamt fünf miteinander verbundenen Komponenten:

- Governance und Kultur
- Strategie und Zielsetzungen
- Performance
- Review und Revision
- Information, Kommunikation und Berichtswesen

Abb. 3.3: COSO ERM (Enterprise Risk Management) 2017

4 Integriertes Risikomanagement: Aufbau, Prozess, Templates

4.1 Organisatorische Verankerung

> Die oberste organisatorische Ebene, wie der Vorstand oder Aufsichts-/Verwaltungsrat, trägt die Verantwortung für das Risikomanagement. Dies umfasst die Überwachung der Leistung, Qualität und Wirtschaftlichkeit. Relevante Bereiche sind Betrieb, Pflege, Betreuung, Alltagsgestaltung und das Beschwerdesystem. Die Geschäftsleitung oder Direktion kontrolliert die operative Ebene und berichtet dem Vorstand (bzw. Aufsichts- oder Verwaltungsrat). In kleineren Einrichtungen übernimmt die Geschäftsleitung oft auch Risikomanagementaufgaben, während größere Organisationen spezielle Risikomanager haben. Das 3 Lines of Defense Modell ordnet Rollen und Verantwortlichkeiten im internen Kontrollsystem zu, darunter Risikoeigentümer, operative Kontrollen und unabhängige Organisationseinheiten wie die interne Revision. Dies fördert die regelmäßige Überprüfung und Effektivität des Risikomanagements.

Die Verantwortung des Risikomanagements liegt bei der obersten organisatorischen Ebene, d.h. beim Vorstand (Verein) bzw. beim Aufsichts- oder Verwaltungsrat (AG). Er ist verantwortlich für die Leistungserbringung, Qualität und Wirtschaftlichkeit und muss diese regelmäßig kontrollieren. Aus diesem Grund sind die Mitglieder des Verwaltungs- bzw. Aufsichtsrates sorgfältig auszuwählen. Dabei sind insbesondere die folgenden Bereiche und Aspekte relevant:

- Betrieb: Betriebsführung, Organisation, Kommunikation, Finanzen, Personal, Qualitätsmanagement, Verpflegung und Service, Dienste, Infrastruktur
- Pflege, Betreuung und Alltagsgestaltung: Betreuerische Belange, Aktivitäten und Veranstaltungen, Lebensqualität, Ergebnisse von Befragungen
- Beschwerdesystem.

Die Geschäftsleitung oder die Direktion sind verantwortlich für die operative Ebene und kontrollieren diese. Dabei sind vor allem die folgenden Bereiche wichtig:

- Sicherstellung der Lebens-, Betreuungs- und Pflegequalität
- Information des Vorstands (Verwaltungsrates)
- Information der Bewohnenden.

In kleineren Pflegeeinrichtungen übernimmt die Geschäftsleitung die Aufgaben der Risikomanagerin/des Risikomanagers und identifiziert bzw. bewertet die Risiken. Da das Qualitätsmanagement jedoch aufgrund der gesetzlichen Verpflichtungen bereits stärker ausgeprägt ist, sind viele Aufgaben des Risikomanagements auch in diesem Bereich angesiedelt. In größeren Organisationen empfiehlt es sich, eine Person spezifisch mit dieser Aufgabe zu betrauen. In der Regel handelt es sich dann um eine Stabsfunktion.

Zur regelmäßigen Überprüfung bietet sich das sogenannte »Three Lines of Defense«-Modell an. Mithilfe von drei Verteidigungslinien werden Rollen und Verantwortlichkeiten des internen Kontrollsystems zugeordnet und mit entsprechenden Aufgaben betraut. Die erste Linie beinhaltet die Risikoeigentümer in den operativen Einheiten. In der zweiten Linie befinden sich die operativen Kontrollen, beispielsweise Risikomanagement, Unternehmenssicherheit und Compliance. Der dritten Verteidigungslinie sind die unabhängigen

Organisationseinheiten zugeordnet, etwa die interne Revision (My-RiskGov[7]).

4.2 Prozess des Risikomanagements

Den Kern des Risikomanagements bildet der Risikomanagement-Prozess. Dieser beschreibt die einzelnen Phasen, in denen sich das Unternehmen systematisch und kontinuierlich mit den unternehmerischen Risikopotenzialen auseinandersetzt. Der Risikomanagement-Prozess besteht gemäß ISO-Norm 31000 aus den folgenden Schritten:

- Risikoidentifikation
- Risikoanalyse
- Risikobewertung
- Risikobewältigung.

Die Punkte »Risikoidentifikation«, »Risikoanalyse« und »Risikobewertung« lassen sich auch zum Begriff »Risikobeurteilung« zusammenfassen. Hinzu kommen die beiden Elemente »Kommunikation und Informationsaustausch« sowie »Risiken aufzeigen, verfolgen und überwachen«, welche die geschilderten Prozessschritte kontinuierlich begleiten. In ▶ Abb. 4.1 ist der Risikomanagement-Prozess mit seinen Elementen dargestellt (Brühwiler, 2016).

---

7 MyRiskGov ist eine Risikomanagement-App für Aufsichtsgremien, Risikomanager und alle Prozessbeteiligten der funk-Stiftung.

4 Integriertes Risikomanagement: Aufbau, Prozess, Templates

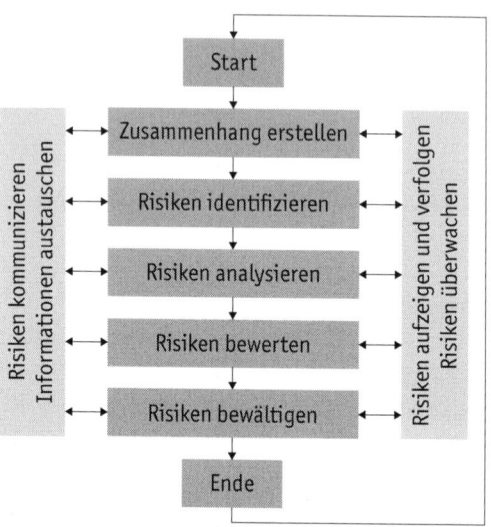

Abb. 4.1: Prozess des Risikomanagements mit Elementen (modifiziert nach Brühwiler, 2016, S. 126)

4.2.1 Risikoidentifikation

Die Identifikation von Risiken erfordert die Erkennung möglicher Gefahren, Ereignisse und Trends, die die Organisationsziele beeinträchtigen könnten. Dies ist ein entscheidender Schritt im Risikomanagementprozess, da Risiken oft übersehen werden. Das Ziel besteht darin, alle potenziellen Risiken, die die Unternehmensziele und -strategien gefährden könnten, systematisch zu erfassen.

Es gibt zwei Ansätze zur Risikoidentifikation: progressiv und retrograd. Im progressiven Ansatz werden zunächst risikobehaftete Aktivitäten in allen Unternehmensbereichen ermittelt und später auf potenzielle Risiken untersucht. Im retrograden Ansatz werden zunächst Unternehmensziele und -strategien identifiziert;

dann werden die Risiken ermittelt, die sich auf diese Ziele auswirken können.
Nach der Identifikation werden die Risiken in einem Inventar aufgeführt und präzise beschrieben, einschließlich des Kontexts, der Bedingungen und der Folgen. Verschiedene bewährte Methoden zur Risikoidentifikation stehen zur Verfügung.

Ist der Zusammenhang der Ziele einer Organisation mit den möglichen Risikoquellen erstellt, folgt die Identifikation der einzelnen Risiken. Dabei gilt es, mögliche Gefahren, Ereignisse, Entwicklungen, Trends und Szenarien zu erkennen, die eine negative Auswirkung auf die Ziele der Organisation haben könnten. Dies ist ein kritischer Schritt. Denn oft werden Risiken nicht erkannt und deshalb im Risikomanagementprozess nicht berücksichtigt (Brühwiler, 2016). Daher ist es zentral, sämtliche Risikopotenziale, welche die Unternehmensziele und -strategien gefährden könnten, systematisch zu erfassen.

Wichtig ist die Unterscheidung zwischen progressiver und retrograder Risikoidentifikation. Bei der progressiven Risikoidentifikation wird der Risikowirkungsprozess betrachtet – von der Risikoursache bis zur Unternehmensstrategie. Somit geht es zunächst darum, die risikogefährdenden Aktivitäten in allen Prozessen und Bereichen des Unternehmens zu bestimmen. Im späteren Verlauf des Identifikationsprozesses werden diese Aktivitäten auf potenzielle Risiken untersucht. Abschließend gilt es, die möglichen Konsequenzen für das Zielsystem zu bewerten.

Bei der retrograden Risikoidentifikation ist es zentral, zunächst alle Ziele und Strategien des Unternehmens herauszuarbeiten. Dann erfolgt die Identifikation der Risiken, die sich auf diese Strategien und Ziele auswirken können. Erst danach werden diejenigen Unternehmensbereiche ermittelt, in denen diese Risiken verursacht werden. Anschließend gilt es zu untersuchen, ob es noch wichtige Risiken gibt, die sich in keinem direkten Zusammenhang mit den Zielen und Strategien des Unternehmens befinden (MyRiskGov). Nachdem möglichst viele Risiken identifiziert wurden, erfolgt eine Auflistung dieser Risiken in Form eines Risikoinventars (Lux & Steiner, 2008). Zusätzlich zu dem Risikoinventar ist jedoch eine präzise Beschreibung der Risiken zu empfehlen. Dabei gilt es, den Kontext, die Bedingungen sowie die Folgen beim Auftreten eines Risikos ausführlich zu erklären (Chrissis, Konrad & Shrum, 2006).

Die folgenden Methoden der Risikoidentifikation haben sich bewährt:

Risikokataloge

> Die Nutzung eines Risikokatalogs zur Identifizierung von Gefahren in Pflegeheimen bietet klare Vorteile. Risiken sind in verschiedene Kategorien unterteilt, darunter strategische, externe, finanzielle, IT-, personelle, Bewohner- und Angehörigen-, Prozess-, Infrastruktur- und Reputationsrisiken. Es kann jedoch zu Überschneidungen kommen. Branchenspezifische Risikokataloge erleichtern die Identifizierung. Die Analyse von Risikoverkettungen ist entscheidend. Die Frequenz der Risikobewertung variiert je nach Art, wobei strategische Risiken jährlich und operative mehrmals im Jahr überprüft werden. Risikokataloge sind nützliche Werkzeuge, jedoch ersetzen sie nicht die individuelle Risikoanalyse jedes spezifischen Falls.

Bei der Risikoidentifikation kann die Verwendung eines Risikokatalogs sinnvoll sein. Dabei werden die Risiken in Risikokategorien und -felder eingeteilt. Diese können unternehmensextern oder -intern sein. Nachfolgende (nicht abschließende) Themenbereiche könnten mögliche Risikokategorien und Beispiele für Einzelrisiken für Pflegeheime sein:

- Strategische Risiken (z. B. keine Fehlerkultur, mangelnde strategische Ausrichtung)

4.2 Prozess des Risikomanagements

- Externe Faktoren (volkswirtschaftlich, ökologisch, rechtlich-regulatorisch, gesellschaftlich, politisch), z. B. unzureichende Unterstützung durch die Politik; Robotik; steigende Energiepreise; Pandemie
- Finanzielle Risiken (z. B. schlechte Belegung, Kostendruck)
- Informationstechnologische Risiken (IT, Daten, Digitalisierung), z. B. Hackerangriffe
- Personelle Risiken (z. B. Fachkräftemangel, Unzufriedenheit)
- Bewohnende und Angehörige (z. B. Sturzrisiko, höhere Erwartungen der Angehörigen)
- Prozessrisiken (Pflege und Betreuung, Verpflegung und Hauswirtschaft, Sicherheit und Hygiene), z. B. Lieferengpässe, mangelnde Effizienz, Lebensmittelvergiftungen
- Infrastruktur- und Gebäuderisiken (z. B. Brand, Diebstahl, Stromausfall)
- Reputations- und Kommunikationsrisiken (mangelnde Vernetzung, tiefer Bekanntheitsgrad).

Dabei ist jedoch zu beachten, dass sich eventuell nicht alle Risiken einer Kategorie eindeutig zuordnen lassen, da es in der Praxis immer wieder zu Kategorie-Überschneidungen kommt.

Diese Risikokategorien sind je nach Unternehmen und Unternehmensumfeld durch Risikofelder zu vervollständigen. Innerhalb dieser Risikofelder kann die Identifikation der Risiken erfolgen. Berater*innen verwenden bei der Risikoidentifikation häufig branchenspezifische Risikokataloge, die sehr umfassend sind und jedes Risiko genau beschreiben. Das Erstellen einer solchen Liste bedarf einer intensiven Vorbereitungszeit und die nötige Branchenkenntnis. Jedoch ist es sehr zielführend, eine solche Liste zu verwenden. Die involvierten Personen werden thematisch einbezogen, und die Risiken lassen sich mit geringem Aufwand konkretisieren.

Neben der Transparenz bezüglich sämtlicher Einzelrisiken ist eine ganzheitliche Betrachtung möglicher Risikointerdependenzen notwendig. Zu diesem Zweck werden potenzielle Risikoverkettungen und -kumulationen auf ihre Ursache-Wirkungs-Beziehungen analysiert. Die zeitliche Frequenz der Risiko-Reviews beträgt in der Regel einmal pro Jahr für strategische Risken und mehrmals pro Jahr für operative Risiken.

Der Einsatz von Risikokatalogen hat sich in der Praxis bewährt. Sie helfen bei der Identifikation potenzieller Risiken. Der Risikokatalog enthält verschiedene Risikokategorien, beispielsweise externe Faktoren, finanzielle Risiken, Prozessrisiken etc. Aus diesen leiten sich dann mögliche Einzelrisiken ab. Der Risikokatalog enthält einige Beispiele für Alters- und Pflegeheime, ist jedoch nicht abschließend. Werden Risiken identifiziert, die nicht im Katalog enthalten sind, lassen sich diese entsprechend ergänzen. Die Bewertung der Risiken erfolgt dann anhand der Dimensionen »Schadensausmaß« und »Eintrittswahrscheinlichkeit« (▶ Kap. 4.2.2, Quantifizierung von Risiken).

Der Risikokatalog ist automatisch verknüpft mit der Risiko-Matrix bzw. mit der »Risk Map«, auf der die wichtigsten Risiken ersichtlich sind (▶ Kap. 4.2.2, Risikoportfolio/Risikomatrix). Er ist außerdem mit einem Maßnahmenplan verbunden. Dieser legt fest, welche Maßnahmen bei relevanten Risiken zu ergreifen sind, wer dafür verantwortlich ist (Risikoeigner, Owner) und wann diese Maßnahmen erfolgen sollen (Termine, Deadlines).

Risikokataloge lassen sich beliebig ausbauen und weiter verfeinern. Dann gehen sie allerdings sehr stark auf das operative Geschäft ein. Ein Beispiel dafür ist der Risikokatalog des Verbandes Curaviva für eine »Strommangellage« oder der Katalog klinisch-haftungsrechtlicher Risiken der Funk-Gruppe.

Die ▶ Tab. 4.1 zeigt einen Ausschnitt aus einem Risikokatalog. Den einzelnen, bewerteten Risiken müssen dabei noch Maßnahmen, Verantwortlichkeiten und ein Zeithorizont (Start und Ende) zugeordnet werden.

Tab. 4.1: Auszug aus dem Template »Risikokatalog«

Risikokategorie/Risikofeld	Fragen	Einzelrisiko (Beispiele)	Bezeichnung in der Risikomatrix	Schadenspotential für den Betrieb	Eintrittswahrscheinlichkeit des Risikos
Strategisch	Welche möglichen Risiken bestehen im Zusammenhang mit der Geschäftsstrategie?	Mangelnde strategische Ausrichtung und Fokussierung	1,1	2 – gering	3 – selten
		Fehlende Lern- und Entwicklungsperspektive	1,2		
		Fehlende Fehlerkultur	1,3		
Externe Faktoren (politisch, rechtlich, regulatorisch, ökologisch, volkswirtschaftlich)	Welche Risiken ergeben sich für das Pflegeheim aus externen Entwicklungen? Ökonomisch v. a. Entwicklung von Wechselkursen, Entwicklung von Kredit und Kapitalmärkten, Entwicklung von Inflation, Konkurrenzdruck, Konjunkturentwicklung und -abhängigkeit, Preisentwicklungen für Rohstoffe und Energie, Beschäftigungsentwicklung zu erwartende Investitionsneigung	Nicht ausreichende Unterstützung der Pflegeheime durch die Politik	2,1		
		Gesteigerter Sach- und Materialaufwand (z. B. durch steigende Preise aufgrund erhöhter Nachfrage)	2,2		
		Etc.			

Brainstorming

> Brainstorming ist eine weit verbreitete Kreativitätstechnik zur Ideenfindung und Risikobewältigung. Ursprünglich aus der Werbung stammend, wird es in verschiedenen Bereichen eingesetzt. Teilnehmende generieren ohne Einschränkungen Ideen zu Risiken oder Lösungen. Dann werden diese sortiert und bewertet. Im Risikomanagement fördert es eine offene Kultur und unterstützt Szenario-Analysen.

Die am weitesten verbreitete Kreativitätstechnik ist »Brainstorming«. Im ersten Schritt geht es darum, nach neuen Ideen zu suchen. Die Teilnehmenden sind dazu aufgefordert, ohne jede Einschränkung Ideen zu generieren und miteinander zu kombinieren – ohne zu kritisieren, zu bewerten oder gar lächerlich zu machen. Im zweiten Schritt präsentiert die Moderatorin/der Moderator die Ideen. Die Teilnehmenden sortieren und bewerten die Ideen, sodass Cluster entstehen. Problemferne Ideen lassen sich aussortieren. Im Rahmen des Risikomanagements kommt Brainstorming häufig in Verbindung mit Szenario-Analysen zum Einsatz. Brainstorming unterstützt zudem eine offene Fehler- und Risikokultur, da sich alle Teilnehmenden einbringen und ihre Gedanken mitteilen können (Hunziker, 2022, S. 180 f.).

Dokumentenanalyse

Bei der Dokumentenanalyse werden Unternehmensunterlagen wie beispielsweise Verträge, Jahresabschlussberichte, Geldflussrechnungen, Dokumente der Kosten- und Leistungsrechnung und weitere betriebsspezifische Aufzeichnungen bezüglich risikorelevanter Informationen ausgewertet. Es können dabei sowohl schriftliche als auch elektronische Dokumente hinzugezogen werden.

Bei der Dokumentenanalyse geht es darum, Unternehmensunterlagen bezüglich risikorelevanter Informationen auszuwerten, beispielsweise Verträge, Jahresabschlussberichte, Geldflussrechnungen, Dokumente der Kosten- und Leistungsrechnung und weitere betriebsspezifische Aufzeichnungen. Dabei lassen sich sowohl schriftliche als auch elektronische Dokumente hinzuziehen.

World Café

> Das World Café ist eine Methode für große Gruppen, bei der Teilnehmende an Tischen sitzen, ihre Ideen visualisieren und Fragen diskutieren. Moderatoren oder Moderatorinnen leiten die Gespräche, und Gruppen wechseln zwischen den Tischen. Dieser Ansatz eignet sich für große Diskussionen und hilft nicht nur bei der Risikoidentifikation, sondern auch bei der Risikokommunikation.

Das World Café ist ein Format für Brainstorming in großen Gruppen. Dabei sitzen die Teilnehmenden gruppenweise an Tischen mit vier bis acht Personen. Alle Teilnehmenden sollten dabei Gelegenheit haben, ihre Gedanken und Ideen zu äußern und für die anderen Teilnehmenden zu visualisieren (Flip Chart). An jedem Tisch sitzt eine Gastgeberin/ein Gastgeber bzw. eine Moderatorin/ein Moderator. Sie/er eröffnet die Sitzung mit einer spezifischen Fragestellung. Die Teilnehmenden diskutieren diese Frage etwa 20 bis 30 Minuten. Im Anschluss wechseln die Gruppen zu einem der anderen Tische. Dabei kann die Gruppe entweder geschlossen wechseln oder sich aufteilen. Der Moderator verbleibt am Tisch, empfängt die nächste Gruppe und führt diese in die von der vorhergehenden Gruppe erarbeiteten Ergebnisse ein. Dann folgt eine weitere Diskussion von 20 bis 30 Minuten. Üblicherweise finden drei bis vier Runden statt. Zum Abschluss präsentieren die Moderator*innen die diskutierten Ergebnisse im Plenum.

Das World Café eignet sich für Gruppendiskussionen mit vielen Teilnehmenden. Es leistet einen Beitrag zur Risikoidentifikation und zur Risikokommunikation (Hunziker et al., 2022).

Wertkettenanalyse

> Die Wertkettenanalyse strukturiert Unternehmensaktivitäten, um Wettbewerbsvorteile und Risiken zu erkennen. Primäre Aktivitäten tragen zur Wertschöpfung bei, während sekundäre diese unterstützen. Das Business Modell Canvas, ein mögliches Analysemodell, berücksichtigt Kundenbeziehungen, Ressourcen, Partner, Finanzen und externe Einflüsse. Das Originalmodell von Osterwalder und Pigneur wurde ergänzt durch die externen Sphären »Gesellschaft«, »Politik/Recht«, »Ökologie«, »Technologie und Wirtschaft«. Beispiele hierfür sind gesellschaftliche Ansprüche und Bedarfe an die Altenpflege, rechtliche Rahmenbedingungen sowie Roboter in der Altenpflege.

Die Wertkettenanalyse basiert auf einem Wertkettenmodell, das die einzelnen Aktivitäten des Unternehmens als Kette darstellt. Auf diese Weise lassen sich Wettbewerbsvorteile auf der Basis von Kernkompetenzen identifizieren und Risiken im Hinblick auf primäre und sekundäre Aktivitäten ableiten. Primäre Aktivitäten stellen einen direkten Beitrag zur Wertschöpfung dar, beispielsweise die Pflege von Bewohner*innen, Sicherstellung der Verpflegung sowie Hotellerie.[8] Die sekundären Aktivitäten wirken entlang der gesamten Wertkette als unterstützende Arbeitsvorgänge, welche die Aufrechterhaltung der primären Tätigkeiten gewährleisten. Um unternehmerische Risiken zu erkennen, sollten beide Arten von Tätigkeiten in Einzeltätigkeiten unterteilt werden – mit dem Ziel, risikobehaftete Bereiche zu identifizieren.

Um eine Wertkettenanalyse durchzuführen, eignet sich das »Business Modell Canvas« von Osterwalder und Pigneur (▶ Tab. 4.2).

---

[8] Bei Unternehmen können dies folgende Prozesse sein: Physische Herstellung von Produkten, der Verkauf oder die Lieferung eines Produktes.

Tab. 4.2: Business Modell »Canvas« für Pflegeheime (modifiziert nach Osterwalder & Pigneur, 2010)

Gesellschaft	Politik/Recht	Ökologie	Technologie	Wirtschaft
• Höhere Ansprüche der Angehörigen • Wertewandel in der Gesellschaft (weniger Bereitschaft ins Sozialwesen einzusteigen)	• Keine starke Lobby in der Politik, wenig Unterstützung	• …	• Digitalisierung • Roboter in der Altenpflege	• Regulierte Finanzierung

Schlüsselpartner	Schlüsselaktivitäten	Wertangebote	Kundenbeziehungen	Kundensegmente
• (Lieferengpässe) • Lebensmittellieferanten • IT-Lieferant • Spitäler • Wettbewerb • Andere Pflegeheime in der Region	• Pflege • Hauswirtschaft • Schlüsselressourcen • Fachkräfte (Fachkräftemangel) • Finanzen (begrenzt) • IT (IT-Sicherheit)	• Persönliche Betreuung • Individuell • (Zentrale) Lage • Bezug zum Quartier • Hoher Wohnstandard, große Zimmer	• Direkt • Über Angehörige • Kanäle • Spitäler • Reha • Spitex • Zuweiser	• Senioren (Übergriffe) • Demenzkranke

Kostenstruktur	Einnahmequellen
• Fixkosten (Gehälter, Mieten) • Variable Kosten • Größenvorteile	• Pflegepauschalen (Versicherung, Staat, Bewohner) • Einnahmen aus Infrastruktur

Ausgehend vom Wertangebot des Unternehmens bzw. des Pflegeheims analysiert dieses Modell systematisch, über welche Kundenkanäle und Kundenbeziehungen die Endkunden erreicht werden, beispielsweise Bewohnende, die von Spitälern an das jeweilige Pflegeheim überwiesen werden. Zudem ist es von Interesse, durch welche Aktivitäten, Ressourcen und Partner das jeweilige Wertangebot entsteht (zum Beispiel Pflege mit entsprechenden Fachkräften, die durch frische Lebensmittel die Versorgung der Bewohnenden sicherstellt). Das Modell betrachtet zudem die Finanzströme, d.h. welche Einnahmen generiert und welche Aufwände verursacht werden. Das Originalmodell von Osterwalder und Pigneur wurde ergänzt durch die externen Sphären »Gesellschaft«, »Politik/Recht«, »Ökologie«, »Technologie und Wirtschaft«. Beispiele hierfür sind gesellschaftliche Ansprüche bzw. Bedarfe an die Altenpflege, rechtliche Rahmenbedingungen sowie Roboter in der Altenpflege.

Prozesskettenanalyse

> Die Prozesskettenanalyse identifiziert Risiken in Geschäftsprozessen durch Simulation und Mitarbeitendenbeteiligung. Sie basiert auf vorhandenen Prozesslandkarten und Organisationsaufzeichnungen. Die Darstellung kann tabellarisch oder grafisch sein, um eine klare Übersicht zu bieten und Risikoquellen zu finden.

Mithilfe der Prozesskettenanalyse lassen sich Risiken durch die Simulation und Analyse von bestimmten geschäftlichen Prozessen identifizieren. Dies geschieht unter Einbezug der prozessverantwortlichen Mitarbeitenden. Als Grundlage sollten hier bereits vorhandene Prozesslandkarten und Aufzeichnungen der Aufbau- und Ablauforganisation dienen. Die Darstellung der Prozesse kann in tabellarischer oder graphischer Form erfolgen. Durch den vollständigen und verständlichen Überblick der Prozesse lassen sich Risikoquellen intuitiv lokalisieren (MyRiskGov).

4.2 Prozess des Risikomanagements

Die folgende ▶ Abb. 4.2 zeigt am Beispiel des Prozesses »Versorgung einer Bewohnerin/eines Bewohners«, welche Risiken im Prozessablauf auftreten können und das Ergebnis beeinflussen.

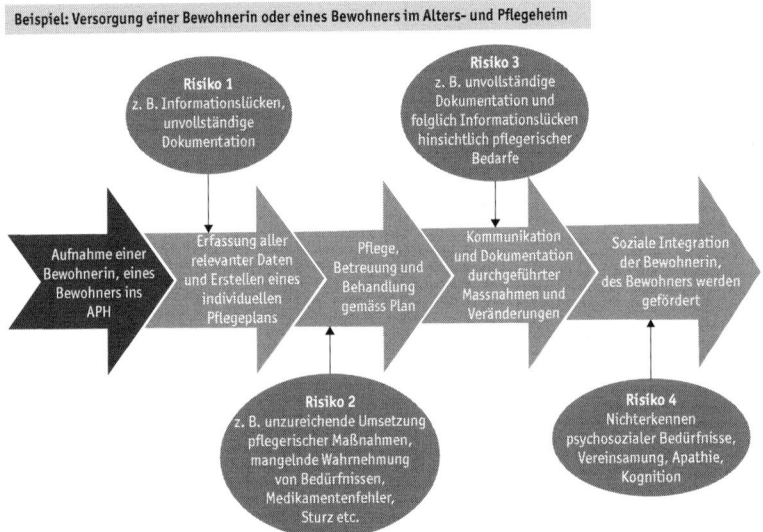

Abb. 4.2: Beispiel einer Prozesskette

Fehlerbaumanalyse

> Die Fehlerbaumanalyse beginnt mit einem unerwünschten Ereignis auf oberster Ebene und untersucht, wie Einzelfunktionen auf unteren Ebenen dazu beitragen könnten. So entsteht eine Fehlermöglichkeitsbaum-Struktur, die durch logische Verknüpfungen (UND, ODER) Kombinationen für das unerwünschte Ereignis identifiziert. Sie dient der Risikoidentifikation und -bewertung.

Bei der Fehlerbaumanalyse ist davon auszugehen, dass es zu einem unerwünschten Ereignis auf der obersten Ebene des Systems kommt. Die Analyse untersucht, inwieweit die Einzelfunktionen auf unterschiedlichen Ebenen an diesem Ereignis beteiligt sein könnten. Durch dieses systematische Vorgehen entsteht eine Baumstruktur der Fehlermöglichkeiten. Werden diese Störungsmöglichkeiten durch »UND« und »ODER« logisch verknüpft, lassen sich jene Kombinationen ermitteln, die am wahrscheinlichsten zum Eintreten des unerwünschten Ereignisses führten (MyRiskGov). Die Fehlerbaumanalyse ist ein Instrument der Risikoidentifikation und der Risikobewertung. Die folgende Abbildung zeigt einen Fehlerbaum für das unerwünschte Top-Ereignis »Sturz«.

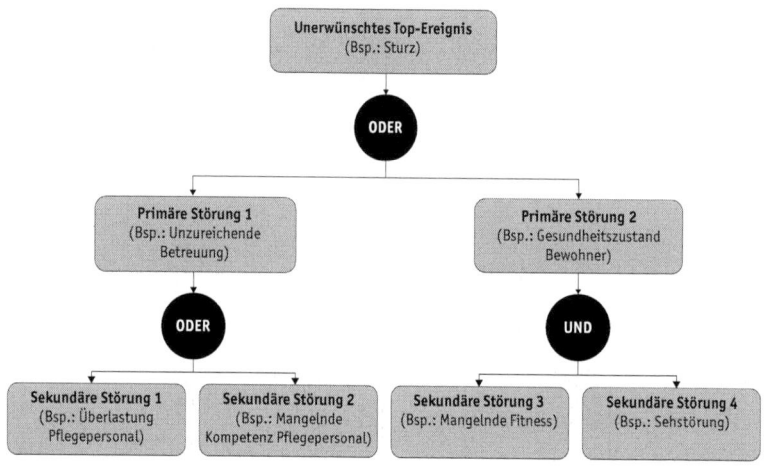

Abb. 4.3: Fehlerbaumanalyse am Beispiel des unerwünschten Top-Ereignisses »Sturz«

4.2.2 Risikoanalyse und -bewertung

In dieser Phase erfolgen die Bewertung und Analyse der Risiken hinsichtlich ihrer Auswirkungen auf Strategien, Ziele und Kennzahlen. Auch werden bestehende Wechselwirkungen untersucht und die Eintrittswahrscheinlichkeit und Schadensauswirkung auf die Ziele eingeschätzt. Ein tiefes Verständnis der Risiken ist ent-

> scheidend, unterstützt durch Risikoszenarien. Verschiedene nützliche Methoden werden hierbei angewandt.

In dieser Phase werden die Risiken hinsichtlich ihrer Auswirkungen auf Strategien, Ziele, relevante Kennzahlen und Steuerungsgrößen beurteilt und analysiert. Zudem erfolgt eine Untersuchung der Risiken auf bestehende Wechselwirkungen. Die Einschätzung der Eintrittswahrscheinlichkeit und der Auswirkungen eines erkannten Risikos auf die Ziele der Organisation ist ebenfalls von Interesse. Dabei ist es besonders wichtig, die Risiken zu verstehen. Dazu kann beispielsweise ein Risikoszenario hilfreich sein. Es vermittelt eine konkrete Vorstellung von einem Risiko – mit den Ursachen, dem Auslöser, dem Ablauf und den möglichen Ausgängen. Folgenden Methoden sind in diesem Zusammenhang nützlich:

Quantifizierung von Risiken

> Risikotragfähigkeit bedeutet, dass das Unternehmen bzw. die Organisation Verluste durch Gefahren abfedern kann, ohne insolvent zu werden. Beim Risikomanagement ist die Existenzsicherung entscheidend, und die Gesamtheit der Risiken sollte festgelegte Grenzen nicht überschreiten. Risiken werden objektiv anhand von Eintrittswahrscheinlichkeit und Schadensausmaß bewertet, wobei individuelle Skalen festgelegt werden. Eine mögliche Schwäche besteht darin, dass Risiken mit geringer Wahrscheinlichkeit und hohem Schadenspotenzial möglicherweise unterschätzt werden.

Risikotragfähigkeit bezeichnet die Fähigkeit des Unternehmens, Verluste aus eintretenden Gefahren tragen zu können, ohne insolvent zu werden. Bei der Umsetzung des Risikomanagements gilt es stets darauf zu achten, dass die Existenzsicherung nicht gefährdet ist und die Gesamtheit der identifizierten Risiken das zuvor festgelegte Maß nicht überschreitet. Die Risikoquantifizierung erfolgt ebenfalls im Risikokatalog. Dies bietet sich an, da sich dort bereits die Liste relevanter Risiken befindet.

Bei der Quantifizierung geht es darum, Risiken im Rahmen der Risikobewertung objektiv nachvollziehbar zu beurteilen. Die Bewertungsdimensionen sind dabei »Eintrittswahrscheinlichkeit« und »Schadensausmaß«. Diese Dimensionen sind für jede Organisation individuell zu operationalisieren. Dabei gilt es, auf einer Skala (z. B. von 1 bis 5) festzulegen, was ein »sehr großes« bzw. ein »sehr geringes Schadensausmaß« bedeutet. Je höher der Wert ist, desto grösser ist die Eintrittswahrscheinlichkeit bzw. das Schadensausmaß.

Mithilfe der Eintrittswahrscheinlichkeit und des Schadensausmaßes lassen sich Einzelrisiken hinsichtlich ihres Bedrohungsgrades beurteilen. In Bezug auf die zu bewertenden Einzelrisiken ist ein gemeinsamer Zeithorizont festzulegen, um so die Vergleichbarkeit zu gewährleisten: Wie häufig tritt ein Ereignis in einem bestimmten Zeitabschnitt auf? Eine mögliche Schwäche dieser Methode besteht darin, Risiken mit hoher Auswirkung, aber geringer Wahrscheinlichkeit gegebenenfalls zu gering zu bewerten oder umgekehrt. Eine Unterteilung der Risiken in mögliche Schadenskategorien ist jedoch empfehlenswert. Dabei handelt es sich um

- finanziellen Schaden,
- Personenschaden,
- Sachschaden,
- Reputationsschaden sowie
- Betriebsunterbrechung.

Risikoportfolio/Risikomatrix

Risikoportfolios sind gebräuchliche Tools zur Bewertung und Darstellung von Risiken. Sie verwenden eine zweidimensionale Matrix, die Eintrittswahrscheinlichkeit und Schadensausmaß auf den Achsen abbildet. Optional kann eine dritte Dimension hinzugefügt werden, dargestellt beispielsweise durch die Größe der

Kreise. Eine Risikoschwelle kann eingeführt werden, um die Dringlichkeit risikomindernder Maßnahmen zu verdeutlichen. Die Position dieser Schwelle spiegelt die Risikotoleranz der Organisation wider. Grün, gelb und rot werden verwendet, um niedrige, mittlere und hohe Risiken zu kennzeichnen. Diese Portfolios sind hilfreich für die Darstellung in Risikoberichten. Der Nachteil besteht allerdings darin, dass Risiken fälschlicherweise in den Toleranzbereich fallen können, wenn die Eintrittswahrscheinlichkeiten falsch geschätzt werden. Selten auftretende Risiken mit hohem Schadensausmaß sind besonders problematisch, da sie oft unterschätzt werden.

Ein gängiges Instrument zur Risikobewertung und Risikodarstellung ist eine zweidimensionale Matrix (»Risk Map«, Risikoportfolio, Risikolandkarte oder Risikomatrix) (Lux & Steiner, 2008, S. 11). Im Rahmen des Risikoportfolios lassen sich die Risiken in einer zweidimensionalen Matrix übersichtlich abbilden. Hierzu wird auf der einen Achse die Eintrittswahrscheinlichkeit und auf der anderen Achse das Schadensausmaß aufgetragen. Eine mögliche dritte Dimension lässt sich beispielsweise durch die Größe der Kreise visualisieren (je größer der Kreis, desto stärker ist die Dimension ausgeprägt). Zur Vorbereitung auf die Risikosteuerung kann zudem eine Risikoschwelle eingetragen werden. Dadurch kommt die Dringlichkeit risikosteuernder Gegenmaßnahmen zum Ausdruck. Die Lage der Risikoschwelle ist Ausdruck der Risikoeinstellung der Organisation. Je weiter sie oben liegt, desto risikofreudiger sind die Entscheidungsträger*innen. Eine Einfärbung der Felder ist möglich, um Risikograde zu visualisieren. Risikoportfolios finden häufig in der Risikoberichterstattung Anwendung. Die folgende Abbildung zeigt exemplarisch ein Risikoportfolio (▶ Abb. 4.4). Es ergibt sich direkt aus der Bewertung der Risiken im Risikokatalog.

Der Nachteil bei dieser Methode besteht jedoch darin, dass Risiken fälschlicherweise in den Toleranzbereich fallen können. Wird bei einem Risiko eine falsche Eintrittswahrscheinlichkeit berechnet oder

4 Integriertes Risikomanagement: Aufbau, Prozess, Templates

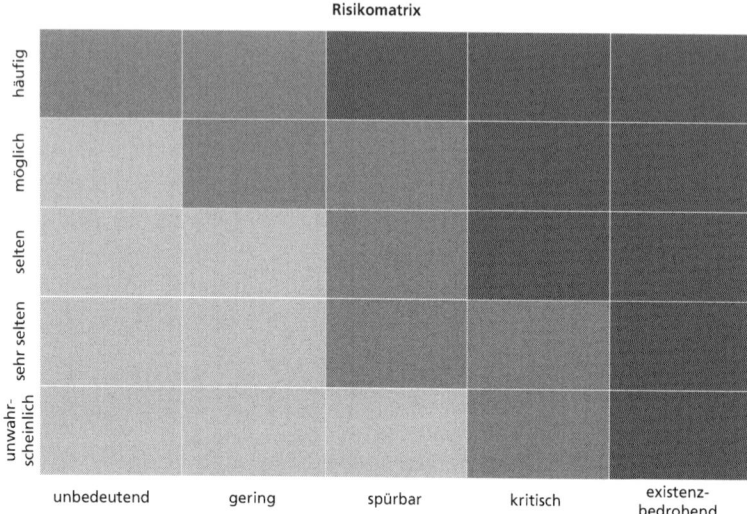

Abb. 4.4: Beispiel eines Risikoportfolios (eigene Darstellung)

eingeschätzt, kann dies enorme negative Folgen haben. Ein besonderes Problem stellen seltene Risiken dar, die ein großes Schadensausmaß haben. Wird die Eintrittswahrscheinlichkeit beispielsweise mit 1 % bewertet, findet sich dieses Einzelrisiko allenfalls im Mittelfeld der Risikolandkarte wieder. Eine Eintrittswahrscheinlichkeit von 1 % beruht auf der Schätzung, dass dieses Ereignis einmal in hundert Jahren auftritt. Bestehen in einer Organisation allerdings mehrere solche seltene Risiken, erhöht sich die Wahrscheinlichkeit, dass eines davon eintritt. Diese Wahrscheinlichkeit ist dann höher, als es intuitiv zu erwarten wäre.

Szenariotechnik

Eine klassische Methode der Risikobeurteilung ist die Szenariotechnik bzw. Szenarioanalyse. Sie beschränkt sich auf wenige, wichtige Einzelrisiken, für die drei Szenarien skizziert werden: »Erwartetes Szenario«, »Best Case« und »Worst Case«. Eine Gewichtung der jeweiligen Eintritts-wahrscheinlichkeiten führt zu einer Gesamtrisikobewertung bzw. -einschätzung.

Meldung unerwünschter Ereignisse und Beinahe-Fehler

> In Pflegeheimen und ähnlichen Einrichtungen ist es wichtig, unerwünschte Ereignisse wie Unfälle oder Risiken sorgfältig zu bewerten und zu behandeln. Dazu können Mitarbeitende, Bewohnende, Angehörige und andere Personen diese Ereignisse anonym oder namentlich melden. Es ist entscheidend, einen klaren Prozess für den Umgang mit solchen Vorfällen festzulegen. Diese Ereignisse können in verschiedene Kategorien wie Unfälle, Gewalttaten, Suizidversuche und weitere eingeteilt werden.

Als unerwünschte Ereignisse gelten Unfälle, Vorfälle, oder Fehlfunktion im Heim, die schädigende Konsequenzen für Bewohnende, Angehörige, Besucher*innen, Mitarbeitende und für das Unternehmenseigentum haben könnten. Anhand eines Formulars können Mitarbeitende, Bewohnende, Angehörige oder andere Personen anonym oder mit Nennung ihres Namens das unerwünschte Ereignis melden. Es ist ein Prozess zu definieren, wie das Alters- und Pflegeheim mit diesem Ereignis umgeht. Es gibt unter anderem folgenden Kategorien für unerwünschte Ereignisse:

- Unfall, Verletzung, Therapiezwischenfall
- Entweichen (Verschwinden), Abhängigkeit
- Verleumdung
- Epidemie, Infektionsausbreitung, Vergiftung
- Gewalttätigkeit
- Arbeitsunfälle
- Katastrophen (Unwetter, Überschwemmung, Feuer)
- Einbruch, Diebstahl
- Suizid, versuchter Suizid
- Sexuelle Belästigung

- »Data Breach«
- Fehlmedikation
- Sonstiges.

Ein Beinahe-Fehler bezeichnet ein Ereignis, das potenziell einen Schaden hätte verursachen können, jedoch keine Auswirkungen auf die Patientin/den Patienten hatte, da Mitarbeitende den Fehler rechtzeitig erkannten und verhinderten. In diesem Kontext kommen häufig Fehlermeldesysteme zum Einsatz, beispielsweise CIRS (Critical Incident Reporting System). CIRS ist im Gesundheitswesen, in der Luftfahrt und im öffentlichen Verkehr verbreitet. Das Ziel besteht darin, dass die Organisation und ihre Mitarbeitenden aus Fehlern lernen und dadurch Unfällen und Störungen vorbeugen können. Es geht nicht um die Klärung von Schuld und Haftungsfragen.

Ein funktionierendes CIRS setzt voraus, dass Meldungen freiwillig, anonym und sanktionsfrei erfolgen können. Die Eigenverpflichtung und das Vorbild der Vorgesetzten sind entscheidend für die Akzeptanz und Nutzung des Instruments durch die Mitarbeitenden. Eine hohe Anzahl an Meldungen bietet die Möglichkeit, einen tiefen Einblick in die Organisation und mögliche Risiken zu erhalten. Fehlermeldesysteme fördern eine offene Fehlerkultur und Risikokommunikation. Sie lassen sich in Kombination mit anderen Instrumenten nutzen, zum Beispiel mit Szenarioanalysen (Brühwiler, 2016, S. 195 ff.).

Wechselwirkungen zwischen Risiken

Bei der Risikoanalyse sind Wechselwirkungen zwischen Risiken wichtig. Es gibt vier Arten: Risikoantinomie, bei der ein Risiko ein anderes ausschließt; Risikokonkurrenz, bei der ein Risiko das Eintreten eines anderen verringert und negative Korrelationen genutzt werden können; Risikokomplementarität, bei der zwei Risiken positiv korrelieren und unvorhergesehene Kombinationen negative Folgen haben können; und Risikoindifferenz, bei der Ri-

> siken unabhängig voneinander auftreten können. Dies hilft, Risiken besser zu verstehen und Strategien zur Risikominimierung zu entwickeln.

Bei der Risikoanalyse sind vor allem die Wechselwirkungen zwischen Risiken zu beachten.
Vier Arten von Wechselwirkungen lassen sich unterschieden (Lux & Kohn, 2005, S. 540):

- Risikoantinomie: Durch das Eintreffen eines Risikos verschwindet ein anderes Risiko. Brennt beispielsweise ein Laden ab, kann die Ware nicht mehr gestohlen werden.
- Risikokonkurrenz: Das Eintreten eines Risikos vermindert die Eintrittswahrscheinlichkeit eines anderen Risikos. Es besteht also eine negative Korrelation zwischen zwei Risiken. Solche negativen Korrelationen von Risiken lassen sich als strategische Diversifikation nutzen. Beispielsweise bestehen gewisse Anlagefonds aus Wertpapieren, deren Kursbewegungen eine sehr hohe negative Korrelation aufweisen. So lassen sich massive Kurseinbrüche vermeiden.
- Risikokomplementarität: Zwei Risiken zeigen eine positive Korrelation. Tritt das eine Risiko ein, ist die Wahrscheinlichkeit sehr hoch, dass auch das andere eintrifft. In diesem Zusammenhang ist auch von Risikokombination die Rede. Unvorhergesehene Kombinationen können zu einer Art Kettenreaktion von negativen Geschehnissen führen. Ein Beispiel hierfür ist ein Sturz, aufgrund dessen die Immobilität der Bewohnenden steigt.
- Risikoindifferenz: Risiken weisen keinerlei Abhängigkeit voneinander auf. Beide Risiken können unabhängig voneinander eintreten oder nicht.

4.2.3 Risikobewältigung

> In der letzten Phase des Risikomanagementprozesses geht es um die Bewältigung von Risiken. Dies umfasst präventives Risikomanagement, Schadenmanagement, Risikofinanzierung und Risikoakzeptanz. Präventives Risikomanagement zielt darauf ab, Risiken zu vermeiden oder zu reduzieren, indem menschliche, technische und organisatorische Faktoren berücksichtigt werden. Schadenmanagement bereitet die Organisation auf Schäden vor und beinhaltet Notfall- und Krisenmanagement. Risikofinanzierung bezieht sich auf die Nutzung von Versicherungen. Risikobegrenzung umfasst Risikostreuung und -limitierung durch Diversifikation und Festlegung von Risikogrenzen. Risikoüberwälzung und -transfer erfolgen durch Verträge oder Versicherungen, um Risiken auf Dritte zu übertragen. Risikoakzeptanz betrifft nicht vermeidbare Restrisiken, die mit angemessenen Vorsorgemaßnahmen relativiert werden sollten. Die Risikosteuerung erfordert eine regelmäßige Überprüfung und Anpassung von Maßnahmen, wobei Scoring-Modelle bei der Auswahl helfen können.

In der letzten Phase des Risikomanagementprozesses geht es darum, Lösungen und Maßnahmen zu finden, um ein Risiko tragbar und verantwortbar zu machen. Es gibt mehrere Konzepte, die sich mit der Bewältigung von Risiken befassen. Beim präventiven Risikomanagement geht es darum, Risiken zu vermeiden oder zu vermindern. Dabei spielen Humanfaktoren sowie technische und organisatorische Faktoren eine Rolle (TOP: **Technik, Organisation, Person**). Der zweite Ansatz ist das Schadenmanagement. Es soll sicherstellen, dass die Organisation möglichst gut vorbereitet ist, wenn ein Schadenfall eintritt. Der dritte Ansatz ist die Risikofinanzierung – eng verbunden mit dem Versicherungsmanagement (Brühwiler, 2016, S. 165 ff.).

4.2 Prozess des Risikomanagements

Risikovermeidung

Um einem Risiko ganz aus dem Weg zu gehen, ist es zudem möglich, eine risikobehaftete Aktivität auch einfach zu unterlassen. Dies ist jedoch nicht Ziel des Risikomanagements und sollte deshalb nur bei wirklich bestandsgefährdenden Risiken erfolgen. Mögliche Chancen, die sich im Zusammenhang mit diesem Risiko ergeben könnten, blieben beim Unterlassen auch ungenutzt. Ein Risiko lässt sich nicht nur durch Unterlassen einer Aktion vermeiden, sondern auch durch vorsorgliche Präventionen. Dabei gilt es zu unterscheiden zwischen Risiken, die auf menschliche oder technische Fehler zurückzuführen sind. Bei beiden gilt es, Lösungsansätze zu finden, um das Risiko auszuschalten.

Risikoverminderung

Das Ziel besteht darin, Risiken auf ein akzeptables Maß zu reduzieren bzw. in Verbindung mit einer Risikosteuerungsmaßnahme durchzuführen. Dabei lässt sich entweder die Eintrittswahrscheinlichkeit oder das Schadensausmaß des Risikos reduzieren. Dies kann beispielsweise das Ausarbeiten von Maßnahmen sein, mit welchen ein Unternehmen einem eintretenden negativen Ereignis begegnen möchte. Ein umfassendes Notfall- und Krisenmanagement kann dabei helfen, entsprechende Maßnahmen auszuarbeiten, um sie bei Bedarf einleiten zu können.

Ebenso kann eine Risikominderung durch Risikostreuung erfolgen. Diese Maßnahme kommt bei Risiken zum Einsatz, die erfolgsbedrohend sind und sich auf das Unternehmensergebnis auswirken.

In diesem Zusammenhang spielt auch das Business Continuity Management (BCM) eine wichtige Rolle. Dieser Ansatz der Risikobewältigung hat eine logistische Aufgabe. Ist ein Schadensfall eingetreten, muss es möglich sein, Tätigkeiten so rasch wie möglich wieder aufzunehmen. Um dies zu gewährleisten, gilt es vor allem, logistische Voraussetzungen zu schaffen, beispielsweise bei einem Stromausfall den Betrieb möglichst rasch wieder zum Laufen zu bringen.

Risikobegrenzung

Die Risikobegrenzung lässt sich unterteilen in Risikostreuung und Risikolimitierung. Die Risikostreuung stützt sich auf die Portfolio-Theorie ab, wonach nicht vollständig miteinander korrelierende Risiken einen Diversifikationseffekt bewirken, der die Summe des Gesamtrisikos verringert. Diese Vorgehensweise kommt vor allem im Fondsmanagement zur Anwendung. Bei Aktien beispielsweise besteht ein systematisches Risiko (Risiko, das alle Aktien betrifft wie Zinserhöhungen, Konjunkturlage etc.) und ein unsystematisches Risiko (Risiko, das nur eine oder eine Gruppe von Aktien betrifft, z.B. die Gewinnwarnungen einer Firma). Das unsystematische Risiko lässt sich durch Diversifikation auf nahezu Null reduzieren. Je mehr Aktien ein Fonds enthält, desto kleiner ist das unsystematische Risiko. Bei der Risikolimitierung setzt das Management Obergrenzen für das Eingehen von Risiken.

Risikoüberwälzung und -transfer

Durch einen Risikotransfer werden Risiken teilweise oder vollständig an Dritte weitergegeben. Das Risiko einer risikobehafteten Aktivität geht durch ein zusätzliches Geschäft auf einen anderen Risikoträger über. Dabei gilt es, zwischen Versicherungsunternehmen und Vertragspartnern zu unterscheiden. Im Fall des Versicherungsunternehmen wird das Risiko beispielsweise nach Zahlung einer Prämie vom Risikoträger auf den Versicherungsgeber transferiert. Diese Variante funktioniert bei typischen Schadensereignissen wie Feuer oder Unfall. Geschäftsrisiken, die aus ungünstigen äußeren Umständen oder durch Fehlentscheidungen entstehen, sind in der Regel nicht versicherbar.

Bei der Risikoüberwälzung auf Vertragspartner (z.B. IT-Firmen) werden die Risiken durch festgelegte vertragliche Bedingungen übertragen. Dies ist oft bei der Einführung von neuen IT-Systemen der Fall. Die beauftragte Firma trägt vertraglich das Risiko, bei nicht einwandfreier Funktion des neuen Systems für den entstandenen Schaden aufzukommen.

Risikoakzeptanz

Durch Verminderung, Begrenzung und Überwälzung von Risiken lassen sich nicht alle Gefahren ausschließen. Daher bleiben gewisse Restrisiken, die es zu akzeptieren gilt. Dabei handelt es sich hauptsächlich um nicht entdeckte bzw. nicht identifizierte Risiken.

Im Falle der Risikoakzeptanz sollte jedoch ein Unternehmen entsprechende Risikovorsorge treffen, beispielsweise durch Bildung von Rücklagen, Reserven und Rückstellungen. Es ist darauf zu achten, dass die ausreichende Risikodeckung die Unternehmensaktivität nicht wesentlich beeinträchtigt.

Im Rahmen der Risikosteuerung bzw. -bewältigung werden Maßnahmen eingeleitet, um die angestrebte Risikosteuerungsstrategie zu erreichen. Diese Maßnahmen sind regelmäßig zu überprüfen und anzupassen. Um geeignete Maßnahmen auszuwählen, eignen sich sogenannte Scoring-Modelle.

Scoring-Modelle

Scoring-Modelle kommen bei der mehrdimensionalen Bewertung von unterschiedlichen Handlungsalternativen zum Einsatz. Diese Methode eignet sich besonders bei Entscheidungen, deren Kriterien sowohl quantitativ als auch qualitativ sind. Um ein Scoring-Modell aufzubauen, werden zuerst alle entscheidungsrelevanten Kriterien gemäß ihrer Bedeutung gewichtet und anschließend mittels einer Skala bewertet. Zum Schluss wird die Gewichtung des Kriteriums mit dem zugehörigen Skalenwert multipliziert. Dadurch ergibt sich ein Gesamtwert, auf dessen Grundlage eine Beurteilung der Alternativen erfolgt. Ein solches Scoring-Modell wird auch als »Nutzwertanalyse« bezeichnet (MyRiskGov). ▶ Tab. 4.3 zeigt ein Beispiel für eine Nutzwertanalyse. Anhand ausgewählter Kriterien werden zwei Maßnahmen miteinander verglichen.

Tab. 4.3: Beispiel einer Nutzwertanalyse

Kriterium	Gewichtung	Alternative A: Bezug von Fernwärme			Alternative B: Photovoltaik Anlage bauen		
		Bewertung	Wertpunkt	Nutzenpunkt	Bewertung	Wertpunkt	Nutzenpunkt
Rendite	50%	Gut	8	4,00	mittel	6	3,00
Umweltverträglichkeit	17%	Genügend	5	0,83	Sehr gut	10	1,67
Unfallsicherheit	25%	Genügend	5	1,25	Sehr gut	10	2,50
Handhabung	8%	Normal	6	0,50	Gut	8	0,67
				6,58			7,83

Um die Kriterien zu gewichten, bietet sich die »Paarvergleichsmethode« an. Dabei werden alle Kriterien paarweise miteinander verglichen. Sind beide Kriterien gleich wichtig, erhält jedes einen Punkt.

Tab. 4.4: Beispiel eines Paarvergleichs (fiktiv)

Kriterium A	Kriterium B	Rendite	Umweltverträglichkeit	Unfallsicherheit	Handhabung	Punkte	Gewichtung
Rendite			2	2	2	6	50%
Umweltverträglichkeit		0		1	1	2	17%
Unfallsicherheit		0	1		2	3	25%
Handhabung		0	1	0		1	8%
					Total Punkte	12	100%

Ist ein Kriterium wichtiger als das andere, erhält es 2 Punkte, das andere null Punkte. Die Punkte werden für jedes Kriterium zusammengezählt und in Prozentpunkte umgerechnet. Daraus ergibt sich die Gewichtung. ▶ Tab. 4.4 zeigt einen solchen Paarvergleich anhand eines fiktiven Beispiels.

4.2.4 Risikoüberwachung und -kommunikation

Die Überwachung von Restrisiken ist entscheidend, da sie sich auf das Unternehmensergebnis auswirken können. Eine effektive Risikoüberwachung erfordert die Verwendung geeigneter Kennzahlen und Frühwarnindikatoren. Die Risikokommunikation sollte alle Ebenen in der Organisation kontinuierlich über die Risikosituation informieren und das Risikobewusstsein fördern. Die Risikoberichterstattung umfasst Maßnahmen zur Erfassung, Verarbeitung und Speicherung von risikorelevanten Informationen und richtet sich an interne und externe Empfänger. Externe Berichte sind oft Teil des Jahresberichts und prägnanter. Interne Berichte sind detaillierter und variieren je nach Zielgruppe. Eine transparente Risikoberichterstattung ist entscheidend für das Risikomanagement.

Trotz aller Maßnahmen bleiben Restrisiken. Da sich diese auf das Ergebnis eines Unternehmens auswirken können, ist die ständige Überwachung der Risiken unabdingbar. Wichtig ist vor allem, die Risiken allen Beteiligten und allen Mitarbeitenden zu kommunizieren (Kirchner, 2002, S. 50f.).

Um eine effiziente Risikoüberwachung zu gewährleisten, ist die Kontrolle anhand von passenden Kennzahlen und Messgrößen notwendig (Key Risk Indicators, Frühwarnindikatoren).

Ziel der Risikokommunikation ist es, alle Hierarchieebenen kontinuierlich über die Risikosituation der Organisation zu informieren und sie hinsichtlich ihres Risikobewusstseins zu sensibilisieren. In der

Risikoberichterstattung werden alle Maßnahmen innerhalb der Organisation erfasst, die der Erarbeitung, Erfassung, Weiterleitung, Verarbeitung und Speicherung von risikorelevanten Informationen dienen.

Die Risikoberichterstattung kann sich an interne und externe Empfänger*innen (in der Organisation bzw. an Außenstehende) richten. Der Risikobericht für externe Adressat*innen ist häufig Bestandteil des Jahresberichtes und eher kurzgehalten. Der interne Bericht ist ausführlicher und enthält alle relevanten Risiken. Je nach Empfänger*in gibt es auch hier Unterschiede. Die Direktion oder die Geschäftsleitung erhält mindestens einmal pro Jahr eine ausführliche Liste aller relevanten Risiken, einschließlich ihrer Bewertung. Der Vorstand (Verein) oder der Aufsichtsrat/Verwaltungsrat (AG) erhält eine Übersicht der Risiken, die aus Sicht der Direktion als besonders relevant einzustufen sind. Der Umfang der Risikoberichterstattung ist abhängig von der jeweiligen Zielgruppe. Für die Öffentlichkeit wird ein Risikobericht in der Regel in den Geschäftsbericht integriert. Abschließend folgt ein Beispiel für einen Risikobericht. Für interne Zwecke kann ein Risikobericht jedoch deutlich umfangreicher sein.

Beispiel-Risikobericht

Risikobeurteilung durch den Verwaltungsrat
Der Verwaltungsrat legt zusammen mit der Geschäftsleitung die Grundsätze des Risikomanagements fest. Die systematisch erfassten, analysierten und priorisierten Risiken werden in einem Risikoinventar zusammengefasst. Die Priorisierung erfolgt mittels einer Risiko-Wahrscheinlichkeitsmatrix. Jährlich erfolgt eine Berichterstattung über das Risikomanagement. Dieser Risikobericht wird vom Verwaltungsrat genehmigt.

Bewertung der Hauptrisiken
Die unternehmerischen Risiken der NAME DER ORGANISATION werden anhand einer Risikomatrix dargestellt. Aktuell besteht folgende Situation: Risiken mit einer Risikoprioritätszahl von grösser als XX (Ergebnis der Multiplikation der Kennzahlen zu

Schadensausmaß und Eintrittswahrscheinlichkeit) und Risiken mit einem Schadensausmaß von 5 (maximale Ausprägung) werden als wichtige Unternehmensrisiken eingestuft. Für die Kennzahlen sind Definitionen bezüglich der Eintrittswahrscheinlichkeit und des Schadensausmaßes hinterlegt. Für das Risiko XXXX beispielsweise liegt die Eintrittswahrscheinlichkeit bei Stufe 2 (»selten«), was eine erwartete Häufigkeit von weniger als XXX Ereignissen pro Jahr bedeutet.

Graphik: Risk Map

Interne Aufsicht durch den Verwaltungsrat
Der Aufsichts- und Beschwerdeausschuss des Verwaltungsrates sichert die interne Aufsicht der Betriebsführung der NAME DER ORGANISATION gemäß den »Qualitätsanforderungen Pflege und Betreuung« des Kantons St. Gallen. Am DATUM überprüfte er die Tätigkeiten im Bereich der Personalpolitik. Die Aspekte XXX standen dabei im Fokus. Der Ausschuss stellt eine hohe Qualität der geleisteten Arbeit fest.
Die hohe Bewertung des Risikos XXX wird beibehalten, weil ... . Die weiteren Risikopositionen bleiben im Vergleich zum Vorjahr ebenfalls unverändert.
Im Rahmen des Risikomanagements erfolgten im letzten Jahr insbesondere die folgenden Maßnahmen:

XXX

Für interne Zwecke, d. h., für Berichte zu Händen der Geschäftsleitung oder des Verwaltungsrates, ist ein ausführlicherer Risikobericht notwendig. Ein solcher Bericht könnte sich an folgender Gliederung orientieren:
Management Summary: Beurteilung der Risikolage sowie wichtigste Risiken und Maßnahmen

4 Integriertes Risikomanagement: Aufbau, Prozess, Templates

- Grundlagen des Risikomanagements: Risikostrukturierung und Risikobewertung
- Auswertungen: Top Risiken, Risiken nach Eintrittswahrscheinlichkeit, finanziellem Schaden, Personenschaden, Sachschaden, Reputationsschaden, Umweltschaden, Projektverzögerung und Betriebsunterbrechung.

Das Template »Risikobericht – detailliert« der Funk-Gruppe enthält ein Raster für eine solche Präsentation.

5 Forschungsmethodik

Im Rahmen des zugrundeliegenden Forschungsprojektes[9] und der daraus entstandenen Studie wurde ein qualitativer Forschungsansatz verfolgt, um tiefgehende Einblicke in die Ausgestaltung des Risikomanagements in Alters- und Pflegeheimen zu gewinnen. Während es bei quantitativer Forschung möglich ist, eine große Stichprobengröße zu befragen und allgemeingültige Aussagen zu treffen, erlaubt die qualitative Forschung eine tiefere Untersuchung spezifischer Themen, zum Beispiel durch Interviews mit ausgewählten Experten.

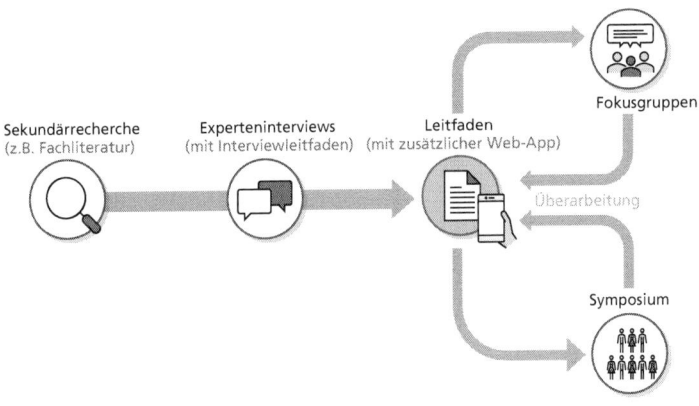

Abb. 5.1: Übersicht Methodik des Forschungsprojektes

Im ersten Schritt näherte sich das Forschungsteam der Thematik durch eine umfangreiche Sekundärrecherche. Im Rahmen der Pri-

---

9 Das Forschungsprojekt »Integriertes Risikomanagement für Alters- und Pflegeheime« wurde von der Funk-Stiftung in Hamburg finanziell unterstützt.

märforschung wurde ein qualitativer Multi-Methods-Ansatz verfolgt, bestehend aus Experteninterviews, einem Symposium und Fokusgruppen.

5.1 Sekundärrecherche

In einem ersten Schritt wurden umfangreiche Literatur- und Internetrecherchen durchgeführt, um den aktuellen Stand der Forschung zu identifizieren und zu beschreiben. Dabei legte das Forschungsteam den Fokus auf die Themen Risikomanagement in dieser Domäne, Gesundheitswesen, Pflegeheime sowie angrenzende Themen wie strategisches und Qualitätsmanagement.

5.2 Experteninterviews

Um ein vertieftes Verständnis der Ausgestaltung des Risikomanagements in den Alters- und Pflegeheimen zu erhalten, wurden im Anschluss an die Sekundärrecherche Experteninterviews durchgeführt. Ziel der Interviews war es, Einblicke in die bestehenden Strategien und Herausforderungen im Risikomanagement dieser Institutionen zu gewinnen und bestehende Erkenntnisse aus der Sekundärrecherche zu validieren.

Der Interviewleitfaden wurde auf Basis einer Literaturrecherche unter Einbezug von Expertenfeedback entwickelt. Er umfasste Fragen zu den Hauptthemen Risk Governance, Risikomanagement-Prozess und zu speziellen Themen des Risikomanagements (Notfall- und Krisenmanagement, Informationssicherheit und Datenschutz sowie Zutrittsschutz und Bewachung).

5.2 Experteninterviews

Die Experten wurden basierend auf ihrer Position in der Heimleitung oder der Verbände ausgewählt. Gesucht wurden Personen, welche aktuell für die Themen Risikomanagement oder Qualität verantwortlich waren. Die Auswahl erfolgte durch Kontakte des Instituts für Pflegewissenschaften der OST – Ostschweizer Fachhochschule. Insgesamt wurden sieben Experteninterviews durchgeführt (fünf einzelne Alters- und Pflegeheime, zwei Verbände). Die Interviews waren halbstrukturiert, was es ermöglichte, auf spezifische Antworten einzugehen und tiefergehende Informationen zu sammeln. Die Interviews dauerten jeweils zwischen 58 und 110 Minuten und wurden persönlich in den jeweiligen Institutionen durchgeführt. Alle Interviews wurden mit Zustimmung der Teilnehmenden aufgezeichnet und die wichtigsten Aussagen stichwortartig festgehalten. Die Ergebnisse wurden thematisch zusammengefasst und analysiert, um Gemeinsamkeiten und Differenzen zu identifizieren.

Die teilnehmenden Alters- und Pflegeheime hatten zum Zeitpunkt der durchgeführten Interviews zwischen 45 und 230 Vollzeitstellen und betreuten zwischen 49 und 230 Bewohnende. Drei der Institutionen waren eher kleiner (< 100 Bewohnende), die anderen beiden eher grösser (> 200 Bewohnende). Die drei kleineren Institutionen sind als Verein organisiert, die beiden größeren werden von einer oder mehreren Gemeinden getragen. Vier Institutionen wurden zwischen 1970 und 1980 gegründet, eine nach 2010 (Fusion aus vier Vorgängerinstitutionen). Die den beiden Verbänden angeschlossenen Heime beschäftigen insgesamt rund 10.000 Mitarbeitende.

Basierend auf den Resultaten der Sekundärrecherche und den Experteninterviews wurde anschließend eine erste Version eines Leitfadens erarbeitet, welcher beim Risikomanagement unterstützen soll. Dieser Leitfaden wurde sowohl als Dokument konzipiert, sowie zusätzlich als Web-App umgesetzt. Durch die Web-App sollte die Zugänglichkeit erhöht werden, indem ein niederschwelliger Zugang zu einem komplexen Thema geschaffen wird und digitale Templates (z.B. zur Bewertung der Risiken) einfacher verfügbar gemacht werden.

5.3 Symposium

Um die Ergebnisse aus der Sekundärrecherche und den Experteninterviews breit abzustützen und zu validieren, wurde ein halbtägiges Symposium in St. Gallen organisiert. Dazu wurden Heimleitungen aus der Region DACH (Deutschland, Österreich, Schweiz) eingeladen. Die Einladung erfolgte über Kontakte der beteiligten Institute und der Funk-Gruppe. Die Teilnahme war kostenlos. Neben einem an das World Café anschließenden Input über aktuelle Herausforderungen für Pflegeeinrichtungen und einer abschließenden Podiumsdiskussion wurden im Rahmen eines World Cafés an sechs Tischen (je 2 Tische pro Thema), moderiert durch Mitglieder des Projektteams, während 1.5 Stunden die Inputs der etwa 40 Teilnehmenden zu den folgenden Themen eingeholt:

- *Feedback zum Leitfaden:* Was ist gut? Was kann noch verbessert werden?
- *Feedback zur mobilen Applikation:* Werden die Inhalte praxistauglich dargestellt? Was kann noch verbessert werden?
- *Herausforderungen Einführung Risikomanagement:* Welches sind die Herausforderungen bei der Einführung von Risikomanagement in Pflegeheimen?

Die Antworten wurden systematisch erfasst und im Rahmen der Nachbereitung dazu genutzt, den bereits bestehenden Leitfaden weiterzuentwickeln.

5.4 Fokusgruppen

Als letzte Validierungsstufe wurden Fokusgruppen mit Heimleitungen aus der Region DACH gebildet. Um die Aussagekraft zu erhöhen,

5.4 Fokusgruppen

wurden dabei nicht die gleichen Personen wie bei den Experteninterviews ausgewählt. Die Sitzungen dauerten fünf Stunden und fanden persönlich an der OST – Ostschweizer Fachhochschule statt. Trotz krankheitsbedingter Ausfälle nahmen 3 Heimleitende an der ersten und eine Person an der zweiten Fokusgruppe teil, wobei die fehlenden Heimleitenden schriftliches Feedback einreichten. Die Diskussionen zielten darauf ab, die Praxistauglichkeit der Leitfadeninhalte kritisch zu hinterfragen. Die Leitfadeninhalte wurden den Teilnehmenden im Vorfeld zugestellt.

Gleich wie beim Symposium, wurden die Antworten systematisch erfasst und dazu genutzt, den bereits bestehenden Leitfaden und die dazugehörige Web-App weiterzuentwickeln.

6 Fazit und Ausblick

Das Ergebnis des abgeschlossenen Forschungsprojektes – gefördert durch die Funk-Stiftung – ist der Leitfaden zur Einführung eines integrierten Risikomanagements in stationären Alters- und Pflegeheimen sowie die Web-App mit einer gekürzten Version des Leitfadens. Zudem wurden Templates entwickelt, welche Praktikerinnen und Praktikern helfen sollen, das Risikomanagement einzuführen. Es stellt insofern eine Innovation dar, als es für diese spezielle Branche bisher keine Leitfäden oder Best Practice gibt. Auch ist die Einstellung von Praktikerinnen und Praktikern zu einem professionellen Risikomanagement und dementsprechend dem Leitfaden zur Einführung unterschiedlich. Während die einen es als Hilfestellung begrüßen, lehnen es andere als zusätzlichen administrativen Aufwand ab. Es bleibt zu hoffen, dass die Praxis den Leitfaden einsetzt und ihre Erfahrungen einbringt. Auf diese Weise können dann tatsächlich Best oder zumindest Good Practice abgeleitet und entwickelt werden.

Zukünftig wird es wahrscheinlich in der Forschung und Praxis weitere Entwicklungen geben. Aspekte der Risikokultur, die in diesem Projekt bereits kurz behandelt wurden, werden vermutlich an Bedeutung gewinnen. Die bereits in dieser Studie angestoßene Integration verschiedener Bereiche wird voraussichtlich ausgeweitet auf Themen wie Nachhaltigkeit, Digitalisierung und künstliche Intelligenz. Insbesondere das letztgenannte Thema wird in Zukunft eine besondere Bedeutung einnehmen. Zum einen wird es dabei unterstützen, Risiken und Fehler frühzeitig zu erkennen und zu vermeiden. Zum anderen kann künstliche Intelligenz teilweise Arbeiten von Fachkräften übernehmen (z. B. Dokumentation) und dadurch die große Herausforderung des Fachkräftemangels in der Pflege etwas abmildern.

Verzeichnisse

Abbildungsverzeichnis

Abb. 3.1: Aufbau des ON-Regelwerks »Risikomanagement« (modifiziert nach ÖNORM D 4901, 2021, S. 5) 63
Abb. 3.2: COSO-Modell 2013 (www.coso.org) 65
Abb. 4.1: Prozess des Risikomanagements mit Elementen (modifiziert nach Brühwiler, 2016, S. 126) 70
Abb. 4.2: Beispiel einer Prozesskette 83
Abb. 4.3: Fehlerbaumanalyse am Beispiel des unerwünschten Top-Ereignisses »Sturz« 84
Abb. 4.4: Beispiel eines Risikoportfolios (eigene Darstellung) .. 88
Abb. 5.1: Übersicht Methodik des Forschungsprojektes 101

Tabellenverzeichnis

Tab. 2.1: Vergleich von Qualitäts- und Risikomanagement (aus: Ahrens, 2020, S. 19; Richiger & Müllener, o. A.) 29
Tab. 4.1: Auszug aus dem Template »Risikokatalog« 75
Tab. 4.2: Business Modell »Canvas« für Pflegeheime (modifiziert nach Osterwalder & Pigneur, 2010) 81
Tab. 4.3: Beispiel einer Nutzwertanalyse 96
Tab. 4.4: Beispiel eines Paarvergleichs (fiktiv) 96

Verzeichnisse

Abkürzungsverzeichnis

Abs.	Absatz
AktG	Aktiengesetz
Art.	Artikel
BV	Bundesverfassung
bzw.	beziehungsweise
COSO	Committee of Sponsoring Organizations of the Treadway Commission
DACH	Deutschland, Österreich, Schweiz
DIN	Deutsches Institut für Normung
DNQP	Deutsches Netzwerk zur Qualitätsentwicklung in der Pflege
DRS	Deutsche Rechnungslegungs-Standards
etc.	et cetera
FISG	Gesetz zur Stärkung der Finanzmarktintegrität
GmbH	Gesellschaft mit beschränkter Haftung
GmbHG	GmbH-Gesetz
HACCP	Hazard Analysis and Critical Control Points
HGB	Handelsgesetzbuch
ICT	Informations- und Kommunikationstechnologie
IKS	Internes Kontrollsystem
ISO	International Standardisation Organisation
KonTraG	Gesetz zur Kontrolle und Transparenz
KVG	Krankenversicherungsgesetz
MDK	Medizinischer Dienst der Krankenkassen
NASA	National Aeronautics and Space Administration
OR	Obligationenrecht
PESTEL	Analyse von Politik, Wirtschaft, Gesellschaft, Technologie, Ökologie und Recht
PFG SG	Pflegefinanzierungsgesetz St. Gallen
PQsG	Gesetz zur Qualitätssicherung und zur Stärkung des Verbraucherschutzes in der Pflege

PQV SG	Verordnung über die qualitativen Mindestanforderungen an Pflege und Betreuung in stationären Einrichtungen für Betagte
QPR	Qualitätsprüfungs-Richtlinien
RABC	Risiko-Analyse-Bio-Kontrollsystem
SAQ	Swiss Association for Quality
SG	St. Gallen
SGB	Strafgesetzbuch
SHG SG	Sozialhilfegesetz St. Gallen
Swiss GAAP-FER	Schweizer Rechnungslegungs-Standard
SWOT	Stärken-Schwächen-Chancen-Gefahren-Analyse
UGB	Unternehmensgesetzbuch

Literaturverzeichnis

Ahrens, J. (2020). *Klinische Behandlungspfade als Instrument zur Unterstützung des Qualitäts- und Risikomanagements*; in: Zapp, W. (Hrsg.) (2020), *Qualitäts- und Risikomanagement im Krankenhaus – Analyse, Verfahren, Anwendungsbeispiele*. Berlin: Springer-Verlag, S. 1–58.

Amt für Soziales (Hrsg.) (2006). *Grundlagen zur staatlichen Aufsicht*. Zugriff am 02.09.2024 unter: Grundlagen_zur_staatlichen_Aufsicht.pdf (ghg-sg.ch).

Andrews, K. R. (1971). *The Concept of Corporate Strategy*; in: *The Concept of Corporate Strategy*, Homewood, Il., Dow Jones-Irwin, S. 18–46.

Ansoff, H. I. (1965): *Corporate Strategy – An analytic approach to business policy for growth and expansion*. New York: McGraw Hill.

ARTISET Zürich (Hrsg.) (2017). *Qualitätszertifikat für Alters- und Pflegeheime*. Zugriff am 02.09.2024 unter: https://artiset-zh.ch/fachwissen/qualitaet/.

Austrian Standards International (2021). *ÖNORM D 4901. Risikomanagement für Organisationen und Systeme – Anforderungen an das Risikomanagementsystem – Anleitung zur Umsetzung der ISO 31000*. Zugriff am 06.11.2024 unter https://www.austrian-standards.at/de/shop/onorm-d-4901-2021-01-01~p2560533

Baars, S. (2014). *Risikomanagement und Anforderungen an Arbeitssicherheit und Gesundheitsschutz*; in: Blonski, H. (Hrsg.) *Risikomanagement in der stationären Altenpflege: Anforderungen, Methoden, Erfahrungen. Hannover: Schlütersche Verlagsgesellschaft.

Barth Frazzetta, C. (2020). *Eine positive Fehlerkultur etablieren*. Deutsches Ärzteblatt, 117(7), 346–347.

Bestvater, K. (2022). *Fehlerkultur in Organisationen: Eine Organisationsethnografische Studie in der Stationären Altenpflege*. Organisation und Pädagogik Ser: v.33. Wiesbaden: Springer.

Blonski, H. (2014): *Aktualität und Bedeutung des Risikomanagements für Einrichtungen in der Altenpflege*; in: Blonski, H. (Hrsg.) *Risikomanagement in der stationären Altenpflege: Anforderungen, Methoden, Erfahrungen*. Hannover: Schlütersche Verlagsgesellschaft.

Borutta, M. (2014). *Hohe Zuverlässigkeit – Risikomanagement in der Pflege nach dem Achtsamkeitsansatz der HRO-Prinzipien*; in: Blonski, H. (Hrsg.) *Risikomanagement in der stationären Altenpflege: Anforderungen, Methoden, Erfahrungen*. Hannover: Schlütersche Verlagsgesellschaft mbH.

Brühwiler, B. (2016). *Risikomanagement als Führungsaufgabe: Umsetzung bei strategischen Entscheidungen und operationellen Prozessen*. 4. Aufl. Bern: Haupt.

Bundeskanzleramt Österreich (2024a). *Gesamte Rechtsvorschrift Aktiengesetz*, Fassung vom 01.06.2023. Zugriff am 16.10.2024 unter https://ris.bka.gv.at/GeltendeFassung.wxe?Abfrage=Bundesnormen&Gesetzesnummer=10002070&FassungVom=2023-06-01.

Bundeskanzleramt Österreich (2024b). *Gesamte Rechtsvorschrift für Gesundheitsqualitätsgesetz*, Fassung vom 16.10.2024. Zugriff am 16.10.2024 unter https://www.ris.bka.gv.at/GeltendeFassung.wxe?Abfrage=Bundesnormen&Gesetzesnummer=20003883.

Bundeskanzleramt Österreich (2024c). *Gesamte Rechtsvorschrift für GmbH-Gesetz*, Fassung vom 01.06.2023. Zugriff am 30.08.2024 unter https://ris.bka.gv.at/GeltendeFassung.wxe?Abfrage=Bundesnormen&Gesetzesnummer=10001720&FassungVom=2023-06-01.

Bundeskanzleramt Österreich (2024d). *Gesamte Rechtsvorschrift für Unternehmensgesetzbuch*, Fassung vom 01.06.2023. Zugriff am 16.10.2024 unter https://www.ris.bka.gv.at/GeltendeFassung.wxe?Abfrage=Bundesnormen&Gesetzesnummer=10001702&FassungVom=2023-06-01.

Bundes-Zielsteuerungskommision (i.A.v.) (2014). *Mindestanforderungen an Qualitätsmanagementsysteme im Rahmen des Bundes-Zielsteuerungsvertrages*. Zugriff am 30.08.2024 unter: https://www.sozialministerium.at/Themen/Gesundheit/Gesundheitssystem/Gesundheitssystem-und-Qualitaetssicherung/Patient-innensicherheit-und-Patient-inneninformationen/Mindestanforderungen-an-Qualitaetsmanagementsysteme.html.

Chandler, A. D. (1962). *Strategy and Structure: Chapters in the History of American Enterprise.* Boston: MIT Press.

Chrissis, M. B., Konrad, M., Shrum, S. (2006). *CMMI. Richtlinien für Prozess-Integration und Produkt-Verbesserung.* München/Boston/San Francisco: Pearson Education.

Diederichs, M., Form, S., Reichmann, T. (2004). *Standard zum Risikomanagement.* Controlling, 16(4/5),189–198. https://doi.org/10.15358/0935-0381-2004-4-5-189

Ebner, G., Heimerl, P. & Schüttelkopf, E. M. (2008). *Fehler – Lernen – Unternehmen: Wie Sie die Fehlerkultur und Lernreife Ihrer Organisation wahrnehmen und gestalten.* Frankfurt/Main, Berlin, Bern, Wien: Lang.

Grottel, B., Justenhoven, P., Kliem, B. et al. (2022). *Beck'scher Bilanz-Kommentar. Handels- und Steuerbilanz, §§ 238-339, 342-342r HGB,* 13. Aufl., München: C. H. Beck.

Hanke, F. (2014). *Risikomanagement in der Arzneimittelversorgung chronisch kranker Senioren – Aspekte einer geriatrischen Pharmazie*; in: Blonski, H. (Hrsg.) *Risikomanagement in der stationären Altenpflege: Anforderungen, Methoden, Erfahrungen.* Hannover: Schlütersche Verlagsgesellschaft mbH.

Hunziker, S., Henrizi, P., Hilsbos, A., et al. (2022). *Quick Guide: Ganzheitliches Risk Management im Krankenhaus – Praxisleitfaden für Implementierung und Umsetzung.* Wiesbaden: Springer Gabler.

Kämmer, K. (2014). *Pflegerisches Risikomanagement*; in: Blonski, H. (Hrsg.) *Risikomanagement in der stationären Altenpflege: Anforderungen, Methoden, Erfahrungen.* Hannover: Schlütersche Verlagsgesellschaft.

Kanton Bern (Hrsg.) (2021). *BSG 860.2. Gesetz über die sozialen Leistungsangebote (SLG).* Zugriff am 02.09.2024 unter: https://www.belex.sites.be.ch/app/de/texts_of_law/860.2.

Kanton Bern (Hrsg.) (2021). *BSG 860.21. Verordnung über die sozialen Leistungsangebote (SLV).* Zugriff am 02.09.2024 unter: https://www.belex.sites.be.ch/app/de/texts_of_law/860.21.

Kanton St. Gallen (Hrsg.) (1998). *sGS 381.1. Sozialhilfegesetz (SHG).* Zugriff am 02.09.2024 unter: https://www.gesetzessammlung.sg.ch/app/de/texts_of_law/381.1.

Kanton St. Gallen (Hrsg.) (2004). *sGS 381.18. Verordnung über private Betagten- und Pflegeheime.* Zugriff am 02.09.2024 unter: https://www.gesetzessammlung.sg.ch/app/de/texts_of_law/381.18.

Kanton St. Gallen (Hrsg.) (2015). *sGS 381.19. Verordnung über die qualitativen Mindestanforderungen an Pflege und Betreuung in stationären Einrichtungen für Betagte*

(PQV). Zugriff am 02.09.2024 unter: https://www.gesetzessammlung.sg.ch/app/de/texts_of_law/381.19.

Kanton St. Gallen/Fachkommission für Altersfragen (Hrsg.) (2015). *Richtlinien zu den Qualitätsanforderungen an Pflege und Betreuung in stationären Einrichtungen für Betagte nach Art. 30a Sozialhilfegesetz.* Zugriff am 02.09.2024 unter: https://www.sg.ch/content/dam/sgch/gesundheit-soziales/soziales/alter/Qualit%C3%A4tsanforderungen%20Pflege%20und%20Betreuung.pdf.

Kanton Zürich (Hrsg.) (2017). *Gesundheitsgesetz (GesG).* Zugriff am 02.09.2024 unter: http://www2.zhlex.zh.ch/appl/zhlex_r.nsf/WebView/537CEE27C76F1959C125868100343E91/$File/810.1_2.4.07_112.pdf.

Kirchner, M. (2002). *Risikomanagement: Problemaufriss und praktischen Erfahrungen unter Einbeziehung eines sich ändernden unternehmerischen Umfelds.* Stuttgart: Hampp Verlag.

Landolt, H. (2009). *Öffentliches Gesundheitsrecht – Public Health Law.* Zürich, St. Gallen: DIKE.

Lux, W. & Kohn, W. (2005). *Risikomanagement –Konzept und Realisierung*; CM Controller Magazin, 6, 539–545.

Lux, W. & Steiner, M. (2008). *Strategieumsetzung, Risikomanagement und interne Kontrollsysteme*; Journal of Performance Management, 4, 10–16.

Österreich (Hrsg.) (2023). *Bundesrecht konsolidiert. Gesamte Rechtsvorschrift für GmbH-Gesetz.* Zugriff am 02.09.2024 unter: https://ris.bka.gv.at/GeltendeFassung.wxe?Abfrage=Bundesnormen&Gesetzesnummer=10001720&Fassung Vom=2023-06-01.

Österreich (Hrsg.) (2024). *Bundesrecht konsolidiert. Gesamte Rechtsvorschrift für Gesundheitsqualitätsgesetz.* Zugriff am 02.09.2024 unter: https://www.ris.bka.gv.at/GeltendeFassung.wxe?Abfrage=Bundesnormen&Gesetzesnummer=20003883.

Österreich/Vorarlberg (Hrsg.) (2002). *Pflegeheimgesetz.* Zugriff am 02.09.2024 unter: https://ris.bka.gv.at/Dokumente/Lgbl/LGBL_VO_20020416_16/LGBL_VO_20020416_16.html.

Österreichischer Arbeitskreis für Corporate Governance (2023). *Österreichischer Corporate Governance Kodex: Fassung Jänner 2023.* Zugriff am 30.08.2024 unter: https://www.corporate-governance.at/uploads/u/corpgov/files/kodex/corporate-governance-kodex-012023.pdf.

Osterwalder, A. & Pigneur, Y. (2010): *Business Model Generation. A Handbook for Visionaries, Game Changers and Challengers.* London: Pearson.

Porter, M. (1980): *Competitive Strategy: Techniques for Analyzing Industries and Competitors*, New York: The Free Press.

Reiner, C. (2014). *Risikomanagement in Hauswirtschaft und Küche*; in: Blonski, H. (Hrsg.) *Risikomanagement in der stationären Altenpflege: Anforderungen, Methoden, Erfahrungen.* Hannover: Schlütersche Verlagsgesellschaft.

Richiger, U. & Müllener, M. (o.J.). *Das Zusammenspiel zwischen Qualitäts- und Risikomanagement – Synergien nutzen, Redundanzen vermeiden.* QZ-Online. Zugriff am 21.11.2024 unter https://www.qz-online.de/a/grundlagenartikel/das-zusammenspiel-zwischen-qualitaets-un-320314

Rosenkranz, F. & Missler-Behr, M. (2005). *Unternehmensrisiken erkennen und managen: Einführung in die quantitative Planung.* Berlin, Heidelberg, New York: Springer.

Schein, E. H. (2018). *Organisationskultur und Leadership.* 5. Aufl. München: Franz Vahlen.

Schneck, O. (o.J.). *Rechtsgrundlagen des Risikomanagements/1.1 Gesetz zur Kontrolle und Transparenz von Unternehmen (KonTraG).* Zugriff am 16.10.2024 unter https://www.haufe.de/finance/haufe-finance-office-premium/rechtsgrundlagen-des-risikomanagements-11-gesetz-zur-kontrolle-und-transparenz-von-unternehmen-kontrag_idesk_PI20354_HI2711385.html

Tegtmeier, U. & Wiedensohler, R. (2013). *Risikomanagement, Fehlerkultur und Patientensicherheit. Endo-Praxis*, 29(01), 10–15.

Theus Simoni, F., Hauser, I., & Bärtschi, H. (2022). *Handbuch Schweizer Aktienrecht.* 2. Aufl. Basel: Helbing Lichtenhahn.

Thürmann, P. & Jaehde, U. (2010). *Arzneimitteltherapiesicherheit in Alten- und Pflegeheimen: Querschnittsanalyse und Machbarkeit eines multidisziplinären Ansatzes.* Berlin: Bundesministerium für Gesundheit (BMG).

Vincent, C & Staines, A. (2019). *Verbesserung der Qualität und Patientensicherheit des schweizerischen Gesundheitswesens.* Zugriff am 20.08.2024 unter: https://www.bag.admin.ch/dam/bag/de/dokumente/kuv-leistungen/qualitaetssicherung/verbesserung-der-qualitaet-und-patientensicherheit-des-schweizerischen-gesundheit.pdf.download.pdf/Verbesserung%20der%20Qualit%C3%A4t%20und%20Patientensicherheit%20des%20Schweizerischen%20Gesundheit.pdf.

Von der Crone, H. C. (2020). *Aktienrecht.* 2., vollst. erw. Aufl. Bern: Stämpfli.

Waibel, R. & Käppeli, M. (2006): *Betriebswirtschaft für Führungspersonen – Die Erfolgslogik des unternehmerischen Denkens und Handelns.* Zürich: Versus-Verlag.

Winsvold Prang, I. & Jelsness-Jørgensen, L.-P. (2014). *Should I report? A qualitative study of barriers to incident reporting among nurses working in nursing homes.* Geriatric Nursing, 35(6), 441–447. doi:10.1016/j.gerinurse.2014.07.003.

Glossar

COSO
Das Committee of Sponsoring Organizations of the Treadway Commissions hat ein Modell entwickelt, das Leitlinien und Rahmenbedingungen für das Risikomanagement beinhaltet.

DCGK
Der Deutsche Corporate Governance Kodex enthält in Form von Empfehlungen und Anregungen international und national anerkannte Standards guter und verantwortungsvoller Unternehmensführung.

DSGVO
Die Datenschutz-Grundverordnung (DSGVO) der Europäischen Union (EU) dient dem Schutz von personenbezogenen Daten, die von privaten Unternehmen und öffentlichen Stellen in der EU verarbeitet werden.

EFQM-Modell
Das EFQM-Modell ist europäisch ausgerichtet und ermöglicht ein Zertifikat durch eine Auditorin/einen Auditor (ähnlich wie EN ISO 9001). Es ist im Gegensatz zur ISO 9001:2015 ein Wettbewerbsmodell, das nicht auf die Erfüllung von Vorgaben, sondern auf die Selbstverantwortung in der Bewertung abzielt. Zentrales Anliegen des EFQM-Modells ist die stetige Verbesserung mittels Innovation und Lernen in allen Unternehmensteilen und in Zusammenarbeit mit anderen EFQM-Anwender*innen.

Eintrittswahrscheinlichkeit
Die Wahrscheinlichkeit für das Eintreten eines bestimmten Ereignisses in einem bestimmten Zeitraum in der Zukunft – häufig ausgedrückt in % (z. B. 10 % = 1 x in 10 Jahren).

GRC
GRC steht für »Governance«, »Risk« und »Compliance« als die drei wichtigsten Handlungsbereiche der Unternehmensleitung. »Governance« bezieht sich auf die Unternehmensführung durch die Vorgabe von Unternehmenszielen und Richtlinien. »Risk« steht für das Risikomanagement. »Compliance« dient der Einhaltung von externen und internen Normen, Richtlinien und Gesetzen im Unternehmen.

IKS
IKS bezeichnet das interne Kontrollsystem eines Unternehmens.

ISO
Die International Organization for Standardization (ISO) entwickelt und veröffentlicht internationale Standards.

ISO 9000 Normenreihe
Die ISO 9001:2015 »Qualitätsmanagementsysteme – Anforderungen« ist die zentrale Norm der Normenreihe ISO 9000 ff. Sie enthält einen Mindeststandard an Anforderungen, um das Qualitätsmanagementsystem des Unternehmens zu gestalten. Dadurch wird das Unternehmen in die Lage versetzt, die Qualitätsanforderungen der Kunden zu erfüllen.

PDCA-Zyklus
Der PDCA-Zyklus (Plan-Do-Check-Act) ist ein kontinuierlicher Prozess, der Qualitätsmanager*innen bei der Einführung von qualitätssichernden Maßnahmen unterstützt. Die Methode kann auch zur Entscheidungsfindung und im Projektmanagement zum Einsatz kommen.

RMS
Das Risikomanagementsystem (RMS) fasst alle Maßnahmen und Prozesse zusammen, die der Identifikation, Beurteilung, Steuerung und Überwachung von Risiken dienen.

Risiko
Ein Risiko stellt eine Abweichung von einem geplanten Zielwert dar. Diese Abweichung kann sowohl negativ (Gefahr) als auch positiv (Chance) sein. Die Risikodefinition legt jedes Unternehmen selbst fest. Daher kann sie von dieser Definition abweichen.

Risikomatrix
Mittels der Risikomatrix wird die Wahrscheinlichkeit des Auftretens eines unerwünschten Ereignisses gegenüber dessen Auswirkung tabellarisch ins Verhältnis gesetzt. Die zweidimensionale Darstellung dient der systematischen Abschätzung und Bewertung der Risiken.

Schadensausmaß
Das Schadensausmaß beschreibt die Auswirkung des Risikos auf das Unternehmen. Es lässt sich quantitativ (z. B. EBIT, Cash-Flow, Umsatz) oder qualitativ beschreiben.